ALAN WATTS
(1915-1973)

Alan Watts nasceu em 6 de janeiro de 1915, na cidade inglesa de Chislehurst, filho único de uma família anglicana de classe média. Seu avô materno fora um missionário. Desde cedo estudou religiões, e ainda adolescente abraçou o budismo, passando a experimentar diversas formas de meditação. Fez os estudos secundários na King's School, em Canterbury, mas foi reprovado (reza a lenda que propositalmente) numa prova seletiva para a universidade de Oxford. Trabalhou então em uma gráfica e em um banco, em Londres, dando prosseguimento aos estudos de religião, antropologia e filosofia, e aproveitando a interlocução com renomados estudiosos, como D.T. Suzuki, cujo pensamento influenciou a redação de *O espírito do Zen*, seu primeiro livro, publicado em 1936. Em 1938 Watts se mudou para os Estados Unidos. Em Nova York, começou uma educação zen-budista formal, sem no entanto completá-la (e, portanto, sem se tornar um monge). Em Illinois estudou as escrituras cristãs, teologia e história da religião. Foi pastor episcopal de 1945 a 1950. Em 1951, mudou-se para San Francisco, onde passou a lecionar na Academia Americana de Estudos Asiáticos, dando continuidade aos estudos e ao intercâmbio com autoridades em religião, além de praticar caligrafia chinesa. Na metade da década de 1950 deixou a academia, e em 1957 publicou um de seus livros mais conhecidos, *O caminho do Zen*.

Experimentou diversas drogas, como mescalina e LSD, participando, inclusive, de grupos de testes. Gradualmente sua escrita focou-se mais na ciência, sendo que em suas últimas obras ele aborda também a ecologia.

O autor dizia que queria funcionar como uma ponte entre o antigo e o moderno, entre o Ocidente e o Oriente, e chegou até mesmo .... udistas do Japão. Viveu o: .... cabana reclusa no monte .... , onde morreu em 1973.] .... angem de religião a psico

Alan Watts

O ESPÍRITO DO
ZEN

Um caminho para a vida, o trabalho e a arte
no Extremo Oriente

Tradução e prefácio de MURILLO NUNES DE AZEVEDO

www.lpm.com.br

L&PM POCKET

Coleção **L&PM** POCKET, vol. 725

Texto de acordo com a nova ortografia.

Título original: *The spirit of Zen*
Tradução adquirida conforme acordo com a Editora Cultrix, 2008

Primeira edição na Coleção **L&PM** POCKET: setembro de 2008
Esta reimpressão: setembro de 2022

Tradução: Murillo Nunes de Azevedo
Capa: Ivan Pinheiro Machado sobre foto da Magnum Photos
Preparação: Patrícia Rocha
Revisão: Jó Saldanha

CIP-Brasil. Catalogação na Fonte
Sindicato Nacional dos Editores de Livros, RJ

W35e

Watts, Alan, 1915-1973
    O espírito do Zen: um caminho para a vida, o trabalho e a arte no Extremo Oriente / Alan W. Watts; tradução de Murillo Nunes de Azevedo. – Porto Alegre, RS: L&PM, 2022.
    144p.; 18 cm – (Coleção L&PM POCKET; v.725)

    Tradução de: *The spirit of Zen*
    Contém glossário
    Inclui bibliografia
    ISBN 978-85-254-1798-5

    1. Zen-budismo. I. Título. II. Série.

08-3184.   CDD: 294.3927
                                     CDU: 244.82

© Joan and Anne Watts, 2008

Todos os direitos desta edição reservados a L&PM Editores
Rua Comendador Coruja, 314, loja 9 – Floresta – 90220-180
Porto Alegre – RS – Brasil / Fone: 51.3225.5777

Pedidos & Depto. comercial: vendas@lpm.com.br
Fale conosco: info@lpm.com.br
www.lpm.com.br

Impresso no Brasil
Primavera de 2022

Para
CHRISTMAS HUMPHREYS

Sumário

Agradecimentos / 9
Introdução / 11

I   As origens do Zen / 17
II O segredo do Zen / 45
III A técnica do Zen / 67
IV A vida numa comunidade zen / 85
V   O Zen e a civilização do Extremo Oriente / 103

Conclusão / 129

Apêndice
    Bibliografia / 135
    Glossário de certos termos empregados / 137

Agradecimentos

Eu nunca teria sido capaz de escrever este livro se não fosse pelo trabalho do professor Daisetz Teitaro Suzuki do Colégio Budista Otani em Kyoto. Nós, os ocidentais, devemos quase todo o nosso conhecimento do Zen a ele, e sou-lhe profundamente grato pela permissão de citar muitos trechos de suas traduções e os ditos dos mestres zen que aparecem nas páginas seguintes. Para alguns, este livro será o seu primeiro contato com o Zen, e eu lhes recomendo enfaticamente que procurem os três volumes dos *Essays in Zen Buddhism*, do Professor Suzuki, onde encontrarão o tema desenvolvido de uma maneira mais completa.

Apresento aqui meus agradecimentos especiais ao sr. Christmas Humphreys, presidente da Loja Budista de Londres, por ter feito a leitura do meu manuscrito e por ter dado muitas sugestões valiosas para o seu aprimoramento. Na verdade, eu lhe devo ainda mais agradecimentos, pois foi ele que, além de me introduzir no trabalho do professor Suzuki, estabeleceu os fundamentos do meu conhecimento do budismo. Por tudo isso nunca serei suficientemente grato.

Alan W. Watts

Bromley, Kent.
Dezembro, 1935

Introdução

Há pouco tempo, o budismo Zen era quase inteiramente desconhecido do Ocidente, com exceção de uns poucos orientalistas cujo interesse pelo assunto era principalmente acadêmico. Pouco antes da guerra, havia apenas um trabalho sobre o Zen em língua europeia – era o *Religion of the Samurai*, de Kaiten Nukariya – e algumas referências dispersas em livros de budismo em geral. Até a publicação do primeiro volume dos *Essays in Zen Buddhism*, do Professor Suzuki, em Kyoto, nenhum livro procovou tanto o interesse do Ocidente como esse que transmitia algo do verdadeiro espírito do Zen. Logo a seguir, o Professor Suzuki publicou mais dois volumes dos *Essays*, e é em grande parte devido ao seu esforço que sabemos algo sobre esse assunto. O resultado do seu trabalho foi um rápido e crescente interesse pelo Zen, não mais confinado aos estudantes de filosofia oriental. O Zen é marcantemente diferente de qualquer outra forma de budismo, podemos mesmo dizer de qualquer outra forma de religião. Isso provoca a curiosidade de muitos que normalmente não olhariam para um oriente, que não é prático, a fim de descobrir ali um conhecimento prático.

Uma vez despertada essa curiosidade, ela dificilmente se extingue, pois o Zen exerce uma peculiar fascinação nas mentes cansadas de religião e filosofia formais. Desde o início, o Zen dispensa todas as formas de teorização, de instrução doutrinária e de formalidade sem vida, tratadas como meros símbolos da sabedoria. O Zen é fundamentado na prática e numa íntima experiência pessoal da realidade, ao passo que a maioria das formas de religião e filosofia ficam só na *descrição* emocional ou intelectual. Isto não quer dizer que o Zen seja a única e verdadeira senda para atingir a iluminação. Tem-se afirmado que a diferença entre o Zen e as outras formas de religião é que "todas as outras sendas vão fazendo curvas, galgando lentamente a montanha, mas o Zen, como uma via romana, põe de lado todos os obstáculos e se move em linha reta na direção do objetivo". Antes de tudo, os credos, dogmas e sistemas filosóficos não passam de ideias *acerca* da verdade, da mesma maneira que as palavras não são fatos mas apenas descrevem algo sobre os fatos, enquanto o Zen é uma vigorosa tentativa para entrar em contato direto com a verdade sem permitir que teorias e símbolos se interponham entre o conhecedor e o conhecido. Num certo sentido, o Zen é o sentir a vida em vez de sentir algo sobre a vida. Ele não tem paciência com sabedoria de segunda mão, com a descrição que alguém faça sobre uma experiência espiritual ou com meros conceitos e crenças. Entretanto, a sabedoria de segunda mão é valiosa como o indicador que aponta o caminho; pode ser tomada facilmente pela própria senda ou mesmo como sendo a meta. Tão sutis são as maneiras como essas descrições da verdade podem ser tomadas pela própria verdade, que o Zen inúmeras vezes é uma forma de iconoclasma, uma quebra de meras imagens intelectuais a respeito da realidade viva, conhecida somente através da experiência pessoal.

Contudo, é nos seus métodos de instrução que o Zen é único. Não há ensinamento doutrinário nem estudo de escrituras, nem ainda um programa formal de desenvolvimento espiritual. Além de umas poucas coletâneas de sermões dos mestres zen mais antigos, que não passam de tentativas de uma exposição *racional* dos seus ensinamentos, quase todos os registros da instrução zen se reduzem a um certo número de diálogos (*mondo*) entre os mestres e seus discípulos; que parecem não prestar muita atenção às normas usuais da lógica e do raciocínio puro e que, à primeira vista, parecem coisas sem sentido. Há comentários sobre esses diálogos e uma grande coletânea de pequenos poemas como aqueles que são encontrados nas pinturas chinesas e japonesas; mas, do ponto de vista intelectual, eles têm tão pouco sentido quanto os próprios diálogos. Esses registros são tão desconcertantes que Wieger apenas podia descrever a literatura zen como "*nombre d'in-folio remplis de réponses incohérentes, insensées... Ce ne sont pas, comme on l'a supposé, des allusions à des affaires intérieures, qu'il faudrait connaître pour pouvoir comprendre. Ce sont des exclamations échappées à des abrutis, momentanement tirés de leur com.*" ["Numerosos textos cheios de respostas insensatas, incoerentes... Não são, como se supôs, alusões a atividades interiores, que se tem de conhecer para poder compreender. São exclamações emanadas dos brutos momentaneamente tirados de seu coma."]

Mas é fácil ser iludido pelas aparências, e, assim como as notas mais altas e mais baixas são igualmente inaudíveis, talvez a coisa de sentido mais elevado e a coisa mais sem sentido sejam, da mesma forma, ininteligíveis. Mas o Zen não tenta ser inteligível, ou seja, capaz de ser compreendido pelo intelecto. O método do Zen é o de desconcertar, excitar, confundir e exaurir o intelecto até que este perceba que a compreensão se resume em pensar *sobre* algo. Ele provocará, irritará e novamente exaurirá as emoções até que se compreenda que as emoções são apenas um sentimento *acerca* de algo. Então o Zen conseguirá, assim que o discípulo chegue a um impasse intelectual e emocional, transpor a distância entre o contato conceitual de segunda mão com a realidade e a experiência em primeira mão. Para que isso ocorra, é necessária a ativação de uma faculdade da mente mais elevada, conhecida como intuição ou *Buddhi*, que algumas vezes é chamada de "Olho do Espírito". Em resumo, a finalidade do Zen é focalizar a atenção na própria realidade, em vez de dirigi-la para as reações intelectuais e emocionais à realidade – essa realidade é aquilo que está sempre mudando, que está sempre crescendo, algo indefinível chamado "vida", que não cessará por um momento que seja para nós, a fim de que a encaixemos satisfatoriamente num rígido sistema de classificação e de ideia.

Assim, qualquer um que tente escrever sobre o Zen encontrará dificuldades inusitadas; nunca poderá explicar, somente poderá indicar; apenas poderá apresentar problemas e dar sugestões que, na melhor das hipóteses, possam trazer o leitor perplexo mais próximo da verdade. Contudo, no momento em que tentar qualquer definição fixa, a coisa lhe escapa, e a definição passa a ser vista como mais uma concepção filosófica. O Zen não pode ser enquadrado em qualquer "ismo" ou "logia". É algo vivo, que não pode ser dissecado ou analisado como um cadáver. Portanto, se tivermos qualquer dúvida acerca do sentido e da sanidade das declarações dos mestres zen, devemos, para começar, dar a eles o benefício da dúvida e aceitar que há sabedoria no seu completo desrespeito à lógica. Por exemplo, o mestre Wu Tsu disse: "Deixe-me apresentar um exemplo tirado de uma fábula. Uma vaca passa por uma janela. A cabeça, os chifres e as quatro patas passam com facilidade, somente a cauda não consegue passar. Por que não?". Ou então: um monge chega ao mestre Chao-chou e pergunta: "Acabei de chegar a este mosteiro. O senhor poderia, por favor, me dar alguma instrução?". O mestre responde: "Já comeste, ou não, a refeição matinal?", "Sim, já o fiz, senhor.", "Então, lava as tuas tigelas". Diz-se que, como resultado dessa conversação, o monge se tornou um iluminado.

Seja isto loucura ou não, permanece o fato de que o Zen influenciou profundamente toda a cultura do Extremo Oriente. É pela tradução do Zen para o pensamento e a ação que podemos testar o valor do espírito interior, apesar de poder parecer-nos incompreensível. Os ocidentais inúmeras vezes devem ter imaginado de que modo as grandes conquistas artísticas do Extremo Oriente obtiveram aquela sutil e indefinível qualidade que lhes dá um lugar único entre as criações do espírito humano. A resposta é que do Zen surge uma maneira de viver cuja parte vital na história das civilizações chinesa e japonesa foi, até há pouco tempo, muito subestimada, pois a chave do que é o Zen só nos foi dada recentemente.

I

AS ORIGENS DO ZEN

Assim como é impossível explicar a beleza de um pôr do sol a um homem cego de nascença, é impossível aos sábios encontrar palavras que transmitam sua sabedoria aos homens de menor compreensão. Pois a sabedoria dos sábios não está em seus ensinamentos; se assim fosse, qualquer um poderia se tornar sábio simplesmente pela leitura do *Bhagavad-Gita*, dos *Diálogos* de Platão ou das escrituras budistas. Sendo assim, alguém poderá estudar esses livros durante toda a vida sem ficar mais sábio, pois buscar a iluminação em palavras e ideias (tomando de empréstimo uma frase do Dr. Trigant Burrow) é como esperar "que a visão de um cardápio possa atingir e satisfazer o organismo de um homem esfomeado". Entretanto, nada é mais fácil do que confundir a sabedoria de um sábio com a sua doutrina, pois, na ausência de qualquer compreensão da verdade, a descrição dessa compreensão feita por outrem é facilmente confundida com a própria verdade. Todavia, essa verdade não é real, assim como a placa que indica uma cidade não é a cidade. Gautama – o Buda (O Ser Iluminado) – era cuidadoso ao evitar qualquer descrição da iluminação que obteve quando certa noite estava sentado debaixo de uma gigantesca figueira em Gaya. Conta-se que, quando lhe perguntavam sobre os mistérios últimos do universo, ele mantinha "um nobre silêncio". Nunca se cansava de dizer que sua doutrina (o *Dharma*) só estava preocupada com o caminho para a iluminação e nunca afirmou que era uma *revelação* da iluminação. Daí o seguinte verso budista:

> Quando curiosamente te perguntarem, buscando saber o que é aquilo,
> Não deves afirmar ou negar nada.
> Pois o que quer que seja afirmado não é a verdade
> E o que quer que seja negado não é verdadeiro.
> Como alguém poderá dizer com certeza o que aquilo possa ser
> Enquanto por si mesmo não tiver compreendido plenamente o que é?
> E, após tê-lo compreendido, que palavra deve ser enviada de uma região
> Onde a carruagem da palavra não encontra uma trilha por onde possa seguir?
> Portanto, aos seus questionamentos oferece-lhes apenas o silêncio,
> Silêncio – e um dedo apontando o caminho.

Mesmo assim, os seguidores do Buda procuraram a iluminação nesse dedo em vez de ir para onde ele apontava, em vez de ir para o silêncio. Eles reverenciaram palavras e tornaram-se dependentes dos registros dessas palavras como se nelas estivesse entesourada a sua sabedoria. Assim, fizeram desses registros não somente um escrínio, mas também a tumba onde está enterrada a carcaça morta da sua sabedoria. A iluminação, entretanto, é viva e não pode ser fixada em qualquer forma de palavras; portanto, o objetivo da Escola Zen do budismo é ir além das palavras e ideias a fim de que a introspecção original do Buda possa ser trazida de volta à vida. Ela considera essa introspecção a coisa mais importante; as escrituras nada mais são do que instrumentos, meros expedientes temporários para mostrar onde ela pode ser encontrada. Nunca devemos cometer o engano de confundir ensinamentos com sabedoria, pois essencialmente o Zen é aquele "algo" que faz a diferença entre um Buda e um homem comum – a iluminação, completamente distinta da doutrina.

Assim como muitas das palavras-chave da filosofia oriental, "Zen" não tem um equivalente exato em outras línguas. Trata-se de uma palavra japonesa, derivada do chinês *Ch'an* ou *Ch'an-na*, que por sua vez é uma corruptela da palavra sânscrita *Dhyana*, usualmente traduzida como "meditação". Mas essa é uma tradução errada porque, para um inglês, "meditação" significa pouco mais do que o pensamento profundo e a reflexão, enquanto na psicologia da Yoga *Dhyana* é um elevado estado de consciência em que o homem encontra a união com a realidade definitiva do universo. O mesmo é verdadeiro no que diz respeito ao *Cha'n* e ao Zen, exceto que a mentalidade chinesa preferiu encontrar essa união através do trabalho da vida diária em vez de na meditação solitária numa floresta. Não há nada de "sobrenatural" acerca do Zen, pois ele é uma constante atitude mental que tanto pode ser aplicada à lavagem de roupas como à execução de ofícios religiosos; e enquanto o iogue se retira do mundo para alcançar sua *Dhyana*, o Zen é encontrado na comunidade monástica onde mestre e discípulo partilham todo o trabalho para a manutenção do mosteiro – plantando arroz, jardinando, cozinhando, rachando lenha e mantendo limpo o local. Assim, se "Zen" é para ser traduzido, o equivalente mais próximo é "iluminação", mas mesmo assim o Zen não é somente iluminação; é também o caminho para a sua conquista.

Há uma tradição de que o Zen teve origem no momento em que o Buda alcançou sua suprema introspecção nos mistérios da vida, naquela noite do século V a.C. Essa introspecção foi transmitida por uma linhagem de 28 patriarcas, até que chegou a um certo Bodhidharma, que levou o Zen para a China, no século VI d.C. A tradição diz que essa introspecção foi transmitida de um para o outro sem a intermediação de escrituras ou de ensinamento doutrinário; foi uma transmissão direta, uma comunicação que passou secretamente de espírito para espírito, compreendida somente pela pessoa bastante desenvolvida para captar a iluminação do mestre. Enquanto essa "mensagem secreta" estava sendo transmitida, os seguidores do Buda estavam se organizando em muitas seitas diferentes, que podem ser reduzidas a duas divisões principais: Mahayana (Grande Veículo da Lei) e Hinayana (Pequeno Veículo). Este último é um termo pejorativo inventado pelos adeptos da primeira. A diferença entre as duas era, em grande parte, o resultado da disputa sobre a autoridade atribuída a certo conjunto de escrituras. Nenhum dos ensinamentos de Buda foi escrito a não ser 150 anos após sua morte; até essa época eram repetidos de memória, assumindo assim uma forma mecânica, tabulada, pouco atraente ao estudante ocidental. O resultado inevitável foi que se tornaram cheios de interpolações advindas dos monges (vide *Outline of Buddhism*, de mrs. Rhys Davis); e, embora seja geralmente aceito que a versão Páli é mais original do que as escrituras sânscritas do Mahayana, há poucas dúvidas de que mesmo essas estão muito distantes das palavras de fato proferidas por Buda. O Hinayana ou Theravada (caminho dos mais velhos) é composto pelos que só aceitam a versão Páli, conhecida como o Tripitaka (as três cestas), consistindo primariamente de três grupos de ensinamentos éticos. Tão convencidos estão de que esta versão contém a última palavra da sabedoria do Buda que se recusam a reconhecer qualquer ideia ou preceito que não esteja incluído aí e, devido ao fato de suas instruções serem principalmente éticas, o Hinayana tornou-se uma escola de pensamento formal e rígida, quase materialista. Desde que sugiu até os dias de hoje, sua filosofia não mudou nem cresceu em qualquer aspecto importante. As escrituras sânscritas do Mahayana, por outro lado, são compostas principalmente de discursos metafísicos, que foram continuamente elaborados e sujeitos a novas interpretações. Geograficamente, o Hinayana ficou confinado ao sul da Ásia – Ceilão, Burma, Sião – enquanto o Mahayana penetrou no Norte, na China, no Tibete, na Mongólia, na Coreia e no Japão. Apesar de o Hinayana não diferir de forma relevante de país para país, abraça um número de seitas distintas, que vão desde algumas altamente ritualísticas, como o Lamaísmo tibetano, até a simplicidade do Zen no Japão.

Tanto o budismo Hinayana como o Mahayana têm uma base comum nos princípios elementares da doutrina do Buda. Em resumo, essa doutrina prega que o homem sofre devido a seu anseio por possuir e manter para sempre coisas que, por essência, são impermanentes. Dentre essas coisas, a principal é a sua própria pessoa, pois ela é o meio de que se serve para se isolar do resto da vida, o seu castelo, no qual pode se retirar e de onde pode lutar contra as forças exteriores. Ele acredita que essa posição fortificada e isolada é o melhor meio para obter a felicidade; ela permite que ele lute contra a mudança, permite-lhe empenhar-se para manter as coisas agradáveis para si mesmo, fechando-se a todo sofrimento e modelando as circunstâncias conforme o seu desejo. Em resumo, essa é a sua maneira de resistir à vida. O Buda ensinou que todas as coisas, incluindo esse castelo, são essencialmente impermanentes e que, tão logo o homem tente possuí-las, elas escapam; essa frustração do desejo de posse é a causa imediata do sofrimento. Mas o Buda foi mais além, pois mostrou que a causa fundamental é a ilusão de que o homem *pode* se isolar da vida. Uma falsa ilusão é obtida quando ele se identifica com o seu castelo, a pessoa; mas, como esse castelo é impermanente, ele não possui uma realidade eterna, é vazio de qualquer "autonatureza" (*atta*) e, tanto quanto qualquer outro objeto mutável, não é o eu profundo. O que é então o eu profundo? O Buda permanecia em silêncio quando lhe perguntavam sobre isso, mas ensinou que o homem pode encontrá-lo somente quando alguém não mais se identifica com a própria pessoa, quando não mais resiste ao mundo exterior de dentro da sua fortificação, quando termina a sua hostilidade e as suas expedições de pilhagem contra a vida. Contrastando com essa filosofia de isolamento, o Buda proclamou a unidade de todas as coisas vivas e recomendava que seus seguidores substituíssem essa hostilidade pela divina compaixão (*karuna*). A prática desse ensinamento leva o discípulo ao estado de Nirvana, ao fim do sofrimento e à extinção do egoísmo, à condição de eterna bem-aventurança que nenhuma palavra pode descrever. Em acréscimo a essa filosofia de vida, o Buda incorporou na sua doutrina os antigos princípios do *Karma* (a lei da causa e efeito) e o seu corolário, o renascimento ou reencarnação (ver glossário). Esses princípios implicam que a morte não é uma saída para o sofrimento, pois "a vida de cada homem advém da sua vida anterior"; a morte é somente um repouso temporário, e o homem tem de trabalhar pela sua própria salvação através de inumeráveis vidas, até que alcance a iluminação final.

Portanto, o Mahayana e o Hinayana estão de acordo, mas discordam a respeito do silêncio do Buda sobre a questão do eu profundo. *O que* é encontrado quando o homem não mais resiste à vida, por trás da barreira da sua pessoa? Devido ao fato de o Buda negar a existência de qualquer "autonatureza" na pessoa, o Hinayana considera tal fato como a negação da existência de qualquer eu profundo. O Mahayana, por outro lado, considera que o verdadeiro eu profundo é encontrado quando se renuncia ao falso eu. Quando o homem não se identifica mais com a sua pessoa nem a usa como um meio para resistir à vida, verifica que o eu profundo é mais do que o seu próprio ser, pois inclui todo o universo. O Hinayana, por sua vez, compreendendo que nenhuma coisa isolada é o eu profundo, se satisfaz com essa compreensão; daí ser considerado como uma negação da vida, concebendo a iluminação somente como a obtenção negativa da compreensão de que todas as entidades separadas são *anatta* – pois não possuem personalidade –, e *anicca* – não têm permanência. Mas o Mahayana completa essa negação com uma afirmação; apesar de negar a existência de personalidade em qualquer coisa particular, esse eu profundo é encontrado na totalidade das coisas. Assim sendo, a iluminação consiste em negar a personalidade no castelo e compreender que o eu profundo não é essa pessoa chamada "eu" como sendo diferente dessa pessoa chamada "você", mas que é ambas: "eu" e "você", e tudo o mais está incluído. O Mahayana, portanto, afirma a vida declarando que todas as coisas são o eu profundo, em vez de negá-la dizendo que somente em cada coisa, tomada separadamente, não há um ser. Fundamentalmente, nesse ponto, não há discordância entre o Mahayana e o Hinayana; a diferença é que o primeiro vai mais além.

Mas essa diferença teórica ocasiona uma importante diferença na prática. O hinayanista, devido a seu ideal negativo, considera como sendo a forma mais elevada aquela em que o homem atinge o nirvana, a liberação, através da compreensão de *anatta* e *anicca*, e deixa a coisa nesse ponto. Aquele que consegue essa meta é um Arhan, distinto do Bodhisattva, o homem ideal da filosofia mahayana. O Bodhisattva é alguém que não se contenta com a mera obtenção do Nirvana; ele sente que não poderá gozar uma bem-aventurança eterna enquanto os outros seres sofrem, pois sabe que não há diferença essencial entre os outros e ele mesmo, e que o seu Nirvana não pode ser completo se os outros não o partilharem. Por afirmar que toda vida é o eu profundo, ele considera todos os seres como seus "outros eus"; para ele, o Nirvana é vaidade e egoísmo, se ainda existir uma criatura que não esteja iluminada. Portanto, depois de inúmeras vidas de lutas dolorosas contra a ilusão do eu, ele alcança o direito à eterna bem-aventurança, apenas para renunciar a ela a fim de que possa trabalhar pela iluminação de tudo o que vive. O ideal do Bodhisattva implica a mais completa aceitação da vida, já que o Bodhisattva não pode excluir nem negligenciar nada, pois se identifica com o todo.

"Renunciando ao eu, o universo deixa crescer o eu profundo." Desta forma, Keyserling o descreve como sendo "aquele que diz sim para o pior mal do mundo, pois sabe que é uno com ele. Libertado de si mesmo, ele sente que os seus alicerces estão em Deus, enquanto a sua superfície está entrelaçada com tudo o que existe. Sendo assim, ele deverá amar todos os seres, assim como ama a si mesmo, e não poderá repousar até que cada um espelhe a divindade em tudo."

Na filosofia mahayana, essa divindade, o eu profundo, era conhecida como sendo a natureza búdica – o princípio definitivo, eterno e universal de que todas as coisas são manifestações. Em sânscrito, chama-se *Tathata* ou "essencialidade", termo que tem íntima afinidade com a expressão chinesa *Tao* ou "O caminho das coisas". Esse princípio é descrito como a natureza búdica, pois ser um Buda significa que realizamos a nossa identidade com *Tathata*, com o único verdadeiro eu profundo que não é condicionado por diferenças entre "eu" e "você", "meu" e "minha", "isto" e "aquilo". Os filósofos mahayana tentaram encontrar alguma explicação para a ignorância humana sobre a natureza búdica, a fim de descobrir por que, se o eu profundo inclui todas as coisas, o homem deveria imaginar que ele existe somente na sua própria pessoa. Este é um velho problema: se todas as coisas são o um, por que o um se torna múltiplo? Se há somente um eu profundo, por que os homens imaginam que há muitos eus? O Mahayana encontra a resposta na palavra "imaginam". Apesar de a verdade ser o fato de que esse eu profundo não é condicionado por distinções entre um ser e outro ser, o homem imagina que cada ser possui um eu separado, como o próprio, que identifica com sua pessoa.

A imaginação é o aspecto criativo da mente; por isso o Mahayana declara que a ilusão da separatividade é uma criação da mente que não tem existência separada. Donde a prevalência universal dessa ilusão resulta de um estado de ignorância da "mente universal" – a soma de todas as mentes (algo semelhante ao inconsciente coletivo de Jung). Essa mente é concebida como uma unidade que se expressa de forma diferente na mente de cada indivíduo e, através dos indivíduos, cria este mundo de coisas aparentemente separadas e autoexistentes. O mundo é visto como separado porque a pessoa projeta nele o seu próprio estado de confusão e ignorância; assim, em cada um de nós há essa mente que observa as circunstâncias criadas por ela mesma, e, de acordo com a natureza particular da expressão dessa mente nos indivíduos, são criados os ambientes que os envolvem. Uma escritura mahayana afirma:

> As atividades da mente não têm limite e formam o ambiente da vida. Uma mente impura se envolve em coisas impuras, e uma mente pura se envolve com um ambiente puro. Portanto, o ambiente que criamos tem os mesmos limites das atividades da mente... Assim, o mundo da vida e da morte é criado pela mente, está escravizado pela mente, é regido pela mente. A mente é a mestra de cada situação.

Mas, embora a mente possa ser pura ou impura, iluminada ou ignorante, o Mahayana sustenta que há uma "essência da mente que é intrinsecamente pura", e essa é a natureza búdica. Pois, na sua origem, a mente encontrava-se num estado de ignorância. Não conhecia a si mesma. Não compreendia que sua verdadeira natureza era a natureza búdica. Portanto, a fim de se conhecer e tornar-se consciente de si mesma, projetou-se em formas e seres separados; lançou uma sombra a fim de que pudesse ver a sua própria forma. Essa é uma proposição geral que é verdadeira para cada indivíduo. Sua mente se reflete num mundo exterior de formas e entidades, pois sem elas não pode haver consciência. Esse mundo exterior é para o homem como a sua própria mente, e a visão que ele tem dele está de acordo com o estado de sua mente. Mas a mente não se autodescobre apenas com a criação desse reflexo, primeiro ela procura a sua verdadeira natureza no reflexo e não em si mesma. Assim, o homem olha para o mundo exterior para buscar a sua salvação; imagina que poderá encontrar felicidade ao possuir algumas das suas formas. Mas não poderá encontrar felicidade nessas formas se não a puder encontrar em sua própria mente, pois é a sua mente que faz as formas, da mesma maneira como a mente universal única faz os múltiplos seres separados. A busca do homem pela salvação no mundo exterior é simplesmente uma manifestação da mente universal procurando conhecer a si mesma por meio dessa projeção. Por fim, ele compreende que nenhuma salvação pode ser encontrada no reflexo exterior, pois esse nada mais é do que uma sombra que indica o estado da realidade interior. O homem vê então que não pode encontrar no mundo exterior aquilo que já não possui de fato em sua própria mente, porque um reflete o outro. Este é o primeiro passo rumo à iluminação. Portanto, ele tem de se voltar para dentro da mente e procurar aí a sua verdadeira natureza e, penetrando até o âmago, encontrará a "essência da mente", a natureza búdica. De imediato, os outros seres e coisas sofrem uma transformação, pois se todo o mundo é a mente, e se a essência da mente é a natureza búdica, segue-se que a mente compreende (isto é, torna real) a sua natureza búdica; nesse caso, ela verá a natureza búdica em todo o mundo. Essa é a suprema conquista do Bodhisattva.

Essa doutrina é perfeitamente singela, caso possamos captar a primeira premissa, ou seja, que o uno em estado de ignorância diferencia-se no múltiplo a fim de alcançar o autoconhecimento e, mais ainda, que o múltiplo sofre, pois é ignorante do fato de que essencialmente é o uno! É em torno desse assunto que são feitas as mais sutis tentativas de explicação. Parece tratar-se de um círculo vicioso. Alcança-se alguma coisa se o um, a fim de conquistar a ignorância, tornar-se múltiplo, e se o múltiplo, para alcançar o mesmo objetivo, tornar-se mais uma vez um? Não terá todo o processo de repetir-se novamente? Se o estado de ser um é o Nirvana, enquanto o estado de ser múltiplo é o *Samsara* (a Roda do Nascimento e Morte, o mundo da forma), parece que teremos de alternar entre o Nirvana e o *Samsara*, e que o Nirvana não é o *summum bonum* em absoluto, mas apenas um outro aspecto da mesma ignorância. Esse é um beco sem saída que foi alcançado pela filosofia mahayana quando o Zen fez sua primeira aparição como um culto distinto.

Os mestres zen viram muito rapidamente que em termos de intelecto este problema não tinha nenhuma solução. Viam todo o Mahayana confuso pelas suas próprias tentativas de resolver o problema da vida com palavras e ideias, e que o Nirvana, intelectualmente concebido, não era pior ou melhor do que o *Samsara*. Eles viam os filósofos mahayana tentando explicar a vida por palavras e definições, cientes de que uma tentativa como essa terminaria numa confusão sem esperança. Por essa razão, desde o princípio, o Zen quis deixar de lado todas as definições, todos os conceitos intelectuais e todas as especulações. Isso foi feito com todo o rigor. O Zen proclamou de imediato que ambos, o Nirvana e o *Samsara*, são a mesma coisa, e que olhar para o primeiro sem considerar o segundo, tentando alcançá-lo pela execução convencional de ações meritórias, é um mero absurdo. O Nirvana está aqui e agora, no meio do *Samsara*, e não há o problema de ele ser um estado de unidade distinto de um estado de multiplicidade: tudo depende da nossa própria compreensão interior. O sábio verá, de imediato, o Nirvana nas coisas comuns da vida; o tolo filosofará a respeito disso e pensará nisso como algo mais, embora

> Um velho pinheiro pregue a sabedoria
> E um pássaro selvagem esteja gritando a verdade.

E quando perguntaram ao mestre Tung-shan "O que é o Buda?", ele respondeu: "Um quilo e meio de linho". Toda a técnica do Zen consistia em sacudir as pessoas de seus hábitos arraigados e da sua moralidade convencional. Os mestres argumentavam de forma estranha e faziam perguntas irrespondíveis. Eles se divertiam com a lógica e com a metafísica. Viravam a filosofia ortodoxa de cabeça para baixo a fim de que parecesse absurda. Assim, temos o mestre Hsuan-chien afirmando: "O Nirvana e Bodhi (iluminação) são tocos mortos para amarrares o teu jumento. As doze divisões das escrituras não passam de listas de fantasmas e de folhas de papel boas para limpares a sujeira da tua pele. E todos os teus quatro méritos e dez estágios são meros fantasmas pairando em suas arruinadas sepulturas. Tudo isso terá relação com a tua salvação?".

O Zen foi introduzido primeiramente na China por Bodhidharma, no ano 527 d.C. Praticamente, nada é conhecido da sua história na Índia, e é provável que Bodhidharma somente o tenha sugerido aos chineses, que o desenvolveram até alcançar a sua forma ímpar atual. Conta uma história que Bodhidharma foi levado à presença do imperador Wu, que estava ansioso por conhecer esse grande sábio e obter dele alguma aprovação para os seus devotos trabalhos. Ele então perguntou a Bodhidharma:

– Nós construímos templos, copiamos as santas escrituras, ordenamos monges e monjas até as suas conversões. Há algum merecimento, reverenciado senhor, na nossa conduta?

– Nenhum merecimento, em absoluto.

O imperador, de certa forma chocado, pensou que essa resposta estava subvertendo todo o ensinamento e tornou a perguntar:

– Qual é, então, a santa verdade, o primeiro princípio?

– Esse princípio existe em tudo. Nada é santo.

– Quem és, então, para ficares de pé diante de mim?

– Eu não sei, majestade.

Bodhidharma sempre é representado pelos artistas chineses e japoneses como um velho de ar severo com uma grande barba negra e grandes olhos penetrantes. Pouco se sabe a seu respeito ou sobre o seu trabalho e, aparentemente, ele não levou qualquer mensagem específica ou ensinamento à China. Sua influência não depende do que ele fez ou disse, mas do que ele *foi*. O fato é que em nenhuma das duas outras entrevistas com seus discípulos de que se tem registro não há qualquer menção ao seu ensinamento. Shang Kwang (Hui K'e), seu sucessor espiritual, teve de permanecer fora do templo onde Bodhidharma esteve meditando durante toda uma semana antes de ser admitido. Em todo esse tempo nevava, mas Shang Kwang estava tão determinado a descobrir o segredo de Bodhidharma que suportou o frio intenso, chegando ao extremo de cortar o braço esquerdo e oferecê-lo ao mestre para mostrar que seria capaz de fazer qualquer sacrifício para alcançar o privilégio de ser aceito como seu discípulo. Por fim, foi admitido, mas Bodhidharma não lhe deu qualquer explicação. Tudo o que fez foi uma observação enigmática, que de certa forma abriu os olhos do discípulo para a verdade. Shang Kwang disse:

– Eu não tenho paz de espírito. Poderia lhe pedir, senhor, que pacificasse a minha mente?

– Ponha a sua mente aqui na minha frente – replicou Bodhidharma. – Eu a pacificarei!

– Mas é impossível que eu faça isso!

– Então já pacifiquei a sua mente!

Pouco depois da morte de Bodhidharma, alguém comunicou que o havia visto seguindo o caminho para a Índia no meio das montanhas. Caminhava descalço e carregando um sapato na mão. A sepultura do mestre foi aberta, e tudo o que encontraram foi o sapato que ele tinha deixado para trás!

> Durante nove anos ele permaneceu por ali e ninguém o conheceu;
> Carregando um sapato na mão, voltou tranquilamente para casa, sem cerimônia.

Talvez seja difícil ver num conto tão absurdo a história da carreira de Bodhidharma que alterou toda a história do Extremo Oriente. Um velho retorna da Índia, é muito rude e abrupto com o imperador, recusa-se a ver um pobre miserável que deseja um pouco de instrução até que este, desesperado, corta o próprio braço, e então apenas diz algo incompreensível. Finalmente, ele é visto caminhando com um sapato na mão. Todavia, desde essa época, começou algo que influenciou mais do que qualquer outro fator as culturas da China e do Japão. A verdade era que Bodhidharma tinha encontrado a sabedoria que só poderia ser transmitida a alguém que estivesse preparado para recebê-la, e, além disso, era uma sabedoria que não poderia ser transmitida por meio de qualquer fórmula intelectual. Somente aqueles que ansiavam desesperadamente por ela, como Shang Kwang, estavam preparados para pagar qualquer preço para poderem entendê-la. Para os demais, tratava-se de algo sem sentido, e as absurdas lendas atribuídas a Bodhidharma provavelmente se originaram de um desejo de enfatizar sua inconvencionalidade e dar-lhe aquela atmosfera ligeiramente humorística, que sempre parece estar ligada aos expoentes do Zen. Quase todas as representações pictóricas de Bodhidharma, feitas por artistas zen, parecem ter sido feitas para provocar um sorriso.

É o aspecto humorístico do Zen que nos mostra as suas mais importantes afinidades com o taoísmo, por causa da ausência semelhante da pomposa gravidade e da seriedade encontrada em alguns dos ditos de Lao Tzu e de Chuang Tzu. Durante os anos que se seguiram à morte de Bodhidharma e ao começo do Zen, como é conhecido atualmente, ele deve, sem dúvida, ter tido um contato íntimo com os ensinamentos taoístas, pois nos ensinamentos dos mestres mais modernos a palavra "Tao" é usada inúmeras vezes como sinônimo de "natureza búdica" ou de "*Dharma*" (lei). Talvez tanto o segredo do humor zen como o do humor taoísta residam no fato de nenhum dos dois tomar o mundo objetivo muito seriamente; eles faziam graça do desajeitado intelecto e de todas as formas de convencionalismo e de pompa. Quando morreu a mulher de Chuang Tzu, seus discípulos encontraram-no cantando, enquanto marcava o ritmo batendo numa panela, em vez de estar envolvido numa piedosa lamentação. Os discípulos fizeram-lhe uma advertência:

– Viver com a tua mulher e então ver o teu filho mais velho crescer e tornar-se um homem, e, em seguida, não derramar uma lágrima sequer sobre o cadáver dela, isto seria bastante mau. Mas bater numa panela e cantar, certamente, é ir longe demais.

– Em absoluto – replicou o mestre. – Quando ela morreu, não pude deixar de ser afetado pela sua morte. Cedo, entretanto, lembrei que ela já tinha existido num estado anterior, antes de nascer... E agora, devido às mudanças posteriores, ela está morta, passando de uma fase para outra, assim como a sequência da primavera, do verão, do outono e do inverno... Para mim, continuar chorando e me lamentando seria proclamar a minha ignorância a respeito dessas leis naturais. Por isso eu me controlo.

O humor particular do Zen é encontrado em muitos quadros que os mestres pintaram uns dos outros. Raramente encontramos personagens solenes e dignificantes, mas quase sempre caricaturas de homens absurdamente gordos ou de pequenos homens retorcidos, dando estrepitosas gargalhadas ou praguejando com algum infortunado discípulo que foi incapaz de encontrar uma rápida resposta para uma pergunta impossível. Há uma deliciosa representação de um pequeno homem careca apoiado num bastão curvo, com os seus pequenos olhos cintilando de gozo ao ver dois galos brigando no primeiro plano, enquanto em outro plano vê-se o venerável Sexto Patriarca (Hui Neng), vestido de farrapos, cuidando, como um maníaco, da destruição de algumas escrituras sagradas. Frequentemente, os mestres zen costumavam referir-se uns aos outros como "velhas sacas de arroz" e com outros termos mais rudes, não devido a qualquer ciúme profissional, mas como divertimento pelo fato de eles e seus sábios e venerados irmãos serem tidos como santos, pelos padrões comuns, até mesmo como especialmente santos, considerando que haviam chegado à compreensão de que tudo era sagrado, mesmo as panelas da cozinha e as velhas folhas sopradas pelo vento; e que não havia nada de particularmente venerável neles. Há um outro quadro de Mu-ch'i que mostra o mestre Hsien-tzu rindo de um camarão, pois, quer se trate de um camarão ou de um par de galos, os mestres zen parecem maravilhar-se ou rir interminavelmente das coisas mais comuns. Talvez sua gargalhada tenha surgido do pensamento de que essas pequenas e estranhas criaturas, assim como homens, são a personificação da sublime natureza búdica. Ou pode ser também, citando Keyserling outra vez, que: "O espírito carece tanto de gravidade como de seriedade. Do ponto de vista do espírito, nada é pesado, pois ele aceita todas as coisas como leves. Não somente o conceito de luta, mas também o de sofrimento não encontra objetivo nele. Há luta, esforço, somente do ponto de vista de gana (a carne); e o homem conhece dor e sofrimento somente como uma criatura que tem sentimentos e emoções... Assim o homem espiritual precisa impressionar o homem da terra como alguém cuja seriedade deixa a desejar". (*South American Meditations*, p. 373.)

Mas, além do humor, o Zen tem outras conexões com o taoísmo. Acredita-se que Lao Tzu, o suposto fundador do taoísmo, foi contemporâneo do Buda (aproximadamente 600 a.C.)[1], e, na época em que o Zen chegou à China, a filosofia original de Lao Tzu tinha sido aprimorada com uma riqueza de mitologias e superstições, pois, ao contrário do confucionismo, tinha se tornado uma religião das massas. O conceito central do taoísmo original era o do Tao – palavra que tem sido traduzida como o caminho, lei, deus, razão, natureza, significado e realidade. Mas, de fato, não há uma tradução que possa transmitir seu verdadeiro significado. O caráter "Tao" é composto de símbolos que significam ritmo, ou movimento periódico, e inteligência, mas, como o próprio Lao Tzu diz, "O Tao que pode ser descrito em palavras não é o verdadeiro Tao"; é melhor deixá-lo, portanto, sem tradução. Basta dizer que a ideia geral que está por trás do Tao é a de crescimento e de movimento; é o curso da natureza, o princípio governante e causador da mudança, o perpétuo movimento da vida que nunca permanece imóvel por um momento. Para o taoísmo, tudo o que está

---

[1]. Esta é a data geralmente aceita, muito embora algumas autoridades sustentem que Lao Tzu não passa de um ser mitológico. O sr. Arthur Waley atribui a data de 240 a.C. ao *Tao Teh King* e crê que esse texto só ficou ligado ao nome de Lao Tzu posteriormente. Vide o seu *The Way and its Power*. (Londres, 1934). (N.A.)

absolutamente tranquilo ou absolutamente perfeito está completamente morto, pois o que não tem mais a possibilidade de crescimento e de mudança não pode ser o Tao. Na realidade, nada há no universo que seja inteiramente perfeito ou completamente tranquilo; só na mente dos homens é que esses conceitos nasceram, e são exatamente esses conceitos que, de acordo com o taoísmo, constituem a raiz da miséria humana. Pois o homem se apega às coisas na vã esperança de que elas possam permanecer imóveis e perfeitas; ele não se reconcilia com o fato da mudança; ele não deixa o Tao seguir o seu curso. Assim, Lao Tzu e seu grande expoente Chuang Tzu ensinaram que a mais elevada forma do homem é a do que se adapta e mantém o passo com o movimento do Tao. Somente esse homem poderá achar a paz, pois o fato de o homem notar e lamentar a mudança mostra que ele próprio não está se movendo com o ritmo da vida. O movimento só é notado em relação a algo que esteja relativamente tranquilo, mas essa é uma falsa tranquilidade, pois cria atrito com o que está em movimento. Se o homem acertar o passo com o Tao, encontrará a verdadeira tranquilidade, pois então estará se movendo com a vida e não haverá o atrito.

Essa doutrina pode degenerar facilmente num mero *laissez-faire*, e, assim, o taoísmo eventualmente se tornará um simples fatalismo, ao passo que o ensinamento original está muito longe disso. Pois, conjugado com a doutrina do Tao, está o ensinamento do *wu-wei*, o segredo de dominar as circunstâncias sem nos envolvermos com elas. *Wu-wei* tem sido traduzido por muitos eruditos ocidentais como não ação e num adulterado taoísmo recebeu o mesmo significado. Atualmente, é o princípio subjacente do *jiu-jitsu* – uma forma muito bem-sucedida para dominar o oponente numa luta –, o princípio de lidar com uma força que se opõe a nós de tal maneira que ela seja incapaz de nos fazer mal, e, ao mesmo tempo, mudando a sua direção, empurrando-a por trás em vez de tentar resistir a ela frontalmente. Assim, um mestre perito da vida nunca se opõe às coisas; nunca tenta mudar as coisas tentando se afirmar contra elas; ele cede à sua plena força, ou a impele ligeiramente para fora da sua linha direta, ou então move-a na direção oposta sem nunca opor-se diretamente a ela. Isso quer dizer que ele trata as coisas de forma positiva; provoca-lhes a mudança ao aceitá-las, ele as aceita confiantemente, nunca com uma negativa brusca. Talvez *wu-wei* possa ser mais bem compreendido pelo seu contraste com o seu oposto, *yu-wei*. O caráter para *yu* compõe-se de dois símbolos – mão e lua –, significando, assim, a ideia de capturar a lua como se ela pudesse ser capturada. Mas a lua impede qualquer tentativa de submissão e nunca fica parada no céu; além do mais, nenhuma circunstância pode impedir suas mudanças, apesar de tentarmos segurá-la conscientemente. Portanto, enquanto *yu* significa tentar captar o que é ilusório (e a vida como o Tao são essencialmente ilusórios), *wu* não é somente "não segurar", mas também a aceitação positiva da ilusão e da mudança. Assim, a mais elevada forma do homem transforma-se num vácuo, de forma que todas as coisas são atraídas por ele; ele aceita tudo, até que, ao incluir todas as coisas, torna-se o seu mestre. Trata-se, portanto, do princípio de controlar as coisas entrando em harmonia com elas, do domínio através da adaptação.

Em certo sentido, o conceito do Tao é mais dinâmico do que a ideia mahayana do Tathata; o primeiro é algo que se move perpetuamente, enquanto o último é aquilo que permanece imóvel no meio de todas as mudanças. Mas a distinção entre eles é mais aparente do que real, pois só aquilo que aceita a mudança pode permanecer verdadeiramente imóvel sem ser atingido. Se for suficientemente grande para incluir todas as mudanças, nunca poderá ser mudado, e Tathata é o princípio único que inclui todas as coisas separadas e transitórias. Mas, como no caso do Mahayana, os mestres zen viam que falar acerca do Tao era perder por completo o Tao, pois, no momento em que tentamos segurá-lo como um conceito, ele torna-se irreal e morto. Está muito bem falar em nos movermos com o Tao, mas a verdade é que quando falamos acerca de movimento isso significa que ainda não começamos a nos mover, e os mestres zen estavam preocupados em dar às pessoas o empurrão inicial. Foi dessa forma que o Zen trouxe o taoísmo de volta à vida; se por um momento paramos para filosofar e pensar *acerca* da vida, ela se move e a realidade viva do momento se perde. É por essa razão que os mestres zen não têm paciência com os conceitos; pensar em conceitos é colocar uma barreira entre nós e o Tao, e isso é um absurdo, pois o Tao existe durante todo o tempo, pronto para ser visto a cada momento e nunca à espera de que se pense a respeito dele. Assim se diz no *Mu-mon-kan:*

> Não existem portões nas estradas públicas;
> Existem vários tipos de sendas;
> Os que passam por essa barreira
> Caminham livremente através do universo.

Após a morte de Bodhidharma, seguiram-se a ele uma série de cinco patriarcas zen, o último dos quais foi Hui Neng. Desde a época de Hui Neng, o Zen perdeu todo o seu caráter distintamente hindu; foi completamente transformado pela mentalidade chinesa, mais prática, e quase todos os traços do ensinamento intelectual que permaneceram foram eliminados. Hui Neng foi o último a dar uma explicação distintamente filosófica do Zen, e, a partir daí, a maior parte das poucas e longas dissertações dos mestres zen de que há registro era muito mais evasiva e paradoxal. Mas Hui Neng deixou um trabalho notável – uma coleção dos seus sermões escritos por um dos seus discípulos. Seu título completo é *O sutra falado pelo Sexto Patriarca do Alto Assento da Gema da Lei* (Dharmaratha). Como regra, o termo "sutra" só é aplicado aos discursos do próprio Buda ou dos grandes Bodhisattvas, que foram seus discípulos imediatos. A única exceção a essa regra é o *Sutra do Sexto Patriarca*, que se tornou conhecido como o único sutra falado por um nativo da China. Esta é uma honra altamente merecida, pois este sutra tem seu lugar entre o *Bhagavad-Gîta*, o *Tao Teh King*, o *Dhammapada* e o *Yoga Sutras* de Patanjali, obras universalmente consideradas como as grandes obras-primas da literatura espiritual do Oriente. Na primeira parte do *Sutra do Sexto Patriarca* está a narrativa de Hui Neng mostrando como ele chegou a compreender o Zen. Nela ele nos conta que era um vendedor de lenha analfabeto e que certo dia, quando trabalhava na sua loja, ouviu alguém recitando uma passagem do *Sutra do Diamante* (*Vagrakkhedika*) em plena rua. Instantaneamente, obteve uma compreensão intuitiva do seu significado e verificou que a pessoa que recitava o sutra tinha vindo do mosteiro onde o Quinto Patriarca, Hwang Yan, estava instruindo uma comunidade de cerca de mil discípulos.

Imediatamente, Hui Neng partiu em busca do Patriarca e, ao chegar ao mosteiro, foi posto a trabalhar nos estábulos durante oito meses. Certo dia, Hwang Yan, sentindo que seus dias estavam terminando, convocou todos os seus discípulos dizendo-lhes que seu sucessor teria de ser indicado; o privilégio seria daquele que pudesse escrever o melhor verso resumindo o ensinamento do Zen.

Nessa ocasião, o monge que dirigia o mosteiro era um certo Shin-Shau – um homem com um completo conhecimento intelectual do budismo, mas que ainda não tinha captado a verdade essencial. No seu coração, ele sabia que seu conhecimento era superficial, e estava receoso de submeter pessoalmente ao mestre o seu verso. Decidiu-se, então, a escrevê-lo numa parede, próxima da sala do mestre; se o mestre o aprovasse, ele se revelaria como o autor. Assim, em plena noite, Shin-Shau escreveu o seguinte verso:

> O corpo é como a árvore Bodhi,
> E a mente, um límpido espelho;
> Cuidadosamente, o limpamos a todo instante,
> A fim de que a poeira não se acumule sobre ele.

Publicamente, o Patriarca expressou sua aprovação ao verso, mas em segredo falou a Shin-Shau que sua compreensão era superficial e que não podia permitir que ele fosse o Sexto Patriarca, tendo de procurar um outro. Nesse meio tempo, Hui Neng leu o verso e, compreendendo que algo estava errado, pediu a um amigo que escrevesse ao lado um verso que iria ditar. E o verso era o seguinte:

> Nem há uma árvore Bodhi,
> Nem um límpido espelho,
> Pois, na realidade, tudo é vazio.
> Onde, então, poderá se acumular a poeira?

O Patriarca logo viu que alguém tinha compreendido o vazio das meras concepções e analogias e, com medo do ciúme dos outros monges, secretamente indicou Hui Neng como seu sucessor, transferindo a ele a sua tigela de esmoler e o manto que, segundo se acreditava, teriam pertencido originalmente ao próprio Buda. Após uma série de aventuras com os ciumentos perseguidores, Hui Neng foi reconhecido como o Sexto Patriarca, e sua contribuição característica ao Zen foi o método da compreensão súbita em lugar da compreensão gradual. A diferença estava no fato de que, enquanto alguns consideravam necessário chegar a uma gradual compreensão do budismo, através de um paciente estudo e da execução de ações meritórias, Hui Neng via que esse método facilmente desviava o indivíduo que o adotava, conduzindo-o a um puro intelectualismo. A vida se move rapidamente demais para que nos aproximemos dela de forma gradual e conjectural, pois, enquanto fazemos elaborados preparativos para a iluminação, a verdade imediata nos escapa a todo instante. A pessoa que perde tempo na margem de um rio, imaginando qual será a melhor forma para mergulhar, testando a temperatura da água com o pé e pensando como se sentirá quando estiver nela, logo adquire o hábito de postergar o mergulho. O discípulo zen tem de andar tranquilamente pela margem e mergulhar calmamente na água sem maiores considerações, sem perder tempo conjurando temores ou em ansiosas especulações de como se sentirá, ou encontrando elaboradas razões para evitar o ato imediato do mergulho.

Pouco antes de sua morte, Hui Neng anunciou que a prática de apontar um Patriarca seria interrompida, pois disse aos discípulos: "Todos vós estais livres de dúvidas; portanto, sois capazes de continuar o elevado objetivo de nossa escola". Então ele citou um verso que se diz ter sido escrito por Bodhidharma:

> O objetivo da minha vinda à China
> Foi transmitir o Ensinamento da Libertação de todas as ilusões.
> Com cinco pétalas, a flor estará completa;
> Depois disso, o fruto alcançará naturalmente a maturidade.

Isso, na verdade, foi o que se passou, pois durante a última parte da dinastia T'ang e durante todas as dinastias Sung e Yüan (713-1367 d.C.) que continuaram depois da morte de Hui Neng, o alto nível alcançado pelo ensinamento e pela prática do Zen coincidiu com a Idade de Ouro da cultura chinesa. Quase todos os grandes mestres zen viveram nesse período: Ma Tsu (jap. *Baso*), Pai-chang (jap. *Hyakujo*) Lin Chi (jap. *Rinzai*) Chao-chou (jap. *Joshu*) e Yun Men (jap. *Ummon*). Muitos deles serão citados nos próximos capítulos. Naquela época, o Zen gozava uma ampla popularidade em todos os setores da sociedade, trazendo à tona tudo o que de melhor havia no taoísmo e no Mahayana. Pois o Zen sintetizava o idealismo, a imóvel serenidade e a austeridade do budismo com a poesia e a fluidez do taoísmo, com sua reverência pelo incompleto, o "imperfeito" e o mutável como reveladores da presença da vida, do infindável fluxo do Tao. Esses dois elementos impregnam todo o espírito do Zen, juntamente com sua única e dinâmica qualidade, que dá vida e resistência aos outros dois.

No final da Dinastia Sung (1279), uma outra forma de budismo começou a surgir, e, nos anos seguintes, foi diminuindo gradualmente a supremacia do Zen na China. Era o culto a Amitabha (ch. *A-mi-to Fo*, jap. *Amida*), a personificação da "luz ilimitada", o grande Buda que jurou salvar todos os seres e levá-los por fim ao Nirvana. Acredita-se que, por virtude desse juramento (voto), todos os que pusessem a sua fé na compaixão de Amitabha renasceriam na Terra Pura do Paraíso Ocidental (*Sukhavati*) – um lugar onde a obtenção da sabedoria seria uma tarefa mais fácil do que neste mundo impossível. O Paraíso Ocidental era descrito com uma riqueza de imagens sensuais, que muito naturalmente atraíam as massas:

> Naquela terra do verdadeiro prazer, as flores nunca fenecem.
> Cada rampa da ascensão é de diamante e jade.
> Todos os pássaros cantam a lei do Tathagata.
> De cada moita e bosque ouve-se uma doce música.

Até hoje, o Budismo da Terra Pura é a mais popular forma do Mahayana na China e no Japão, onde Amitabha geralmente é cultuado como um deus amoroso de certa forma semelhante ao Deus do cristianismo. Desta forma, o budismo do Extremo Oriente foi dividido em duas escolas principais, conhecidas, em japonês, como Jiriki e Tariki – o "autopoder" e o "outro poder" –, ou seja, aqueles que confiam em seus próprios esforços para atingir a sabedoria e aqueles que confiam na compaixão dos Bodhisattvas. O Zen pertencia ao primeiro grupo e, à medida que a civilização da China começou a perder sua virilidade, ele passou para a jovem civilização do Japão, onde foi estabelecido por Eisai, em 1191. Aí se transformou na religião do samurai – a classe guerreira – e produziu na cultura do país um efeito mais profundo do que na China; até hoje o Zen é um poderoso fator entre os japoneses educados, e muitos profissionais e homens de negócios têm o hábito de fazer visitas periódicas a mosteiros zen, onde vivem e trabalham com os monges durante umas poucas semanas, recolhendo forças para voltar aos seus afazeres habituais. Mas o Zen irá mais além do que o Japão. Já se encontram hospedarias para estudantes ocidentais ligadas a mosteiros em Kyoto, onde, sob o nome de Zen ou não, algo do seu espírito terá de entrar sempre que as religiões e filosofias se levantem da sepultura das teorias e das palavras.

II

O SEGREDO DO ZEN

Um poeta influenciado por Confúcio aproximou-se certa vez do mestre zen Hui-t'ang para perguntar o segredo do seu ensinamento. Respondendo, o mestre citou uma das frases de Confúcio: "Pensais que estou escondendo alguma coisa, ó meus discípulos? Na verdade, nada tenho para esconder". Devido ao fato de Hui-t'ang não permitir que lhe fizesse novas perguntas, o poeta foi embora profundamente confuso, mas pouco tempo depois os dois foram caminhar juntos na montanha. Quando passavam por uma moita de loureiros selvagens, o mestre voltou-se para seu companheiro e perguntou: "Sentes o cheiro de louro?". À resposta afirmativa, ele observou: "Então, nada tenho a esconder de ti!". Imediatamente, o poeta iluminou-se.[2] Pois é realmente um paradoxo falar a respeito do segredo do Zen, e, a despeito de todas as aparentemente incompreensíveis ou ridículas respostas dos mestres zen aos insistentes interrogatórios de seus discípulos, nada está sendo ocultado de nós. A verdade é que o Zen é tão difícil de compreender porque é tão óbvio, e o perdemos repetidas vezes porque estamos procurando algo obscuro; com os olhos focalizados no horizonte, não

---

2. Esta e a maior parte das outras histórias zen (*mondo*) aqui citadas foram traduzidas pelo Professor Suzuki; um grande número delas pode ser encontrado nos seus diversos trabalhos. (N.A.)

vemos o que está a nossos pés. Nas palavras da *Canção de Meditação*, de Hakuin:

> Todos os seres são Budas desde o início;
> É como o gelo e a água;
> Sem água, não existe gelo.
> Seres sensíveis exteriores, onde buscamos o Buda?
> Não sabendo quão perto está a verdade,
> As pessoas a buscam em lugares distantes...
> Elas são como aquele que no meio da água,
> Sedento, grita implorando por ela.
>
> (*Trad.* Suzuki)

O homem é inúmeras vezes orgulhoso demais para examinar as coisas evidentes que estão bem perto dele. O Zen encontrou os seguidores do Mahayana procurando a verdade nas escrituras, em homens santos e em Budas, crendo que eles a revelariam, caso vivessem uma vida pura. Uma vez que a aparente humildade humana, que julga que a sabedoria é algo sublime demais para revelar-se nas coisas comuns desta vida, é uma forma sutil de orgulho, intimamente o homem sente que deverá ser tão grande a ponto de retirar-se das coisas do mundo antes que possa receber a verdade; e, em seu orgulho, pensa que só poderá recebê-la dos lábios dos sábios ou das páginas das escrituras sagradas. Ele não a vê nos seres humanos ou nos incidentes da vida diária. Não a vê em si mesmo, pois novamente é muito orgulhoso para se ver tal como é. Ao buscar essa verdade, ele oculta as imperfeições sob suas "ações meritórias" e aproxima-se dos Budas por trás de uma máscara.

No Zen, essa cuidadosa autopreparação para encontrar a verdade no futuro ou em alguma fonte exterior coloca de lado a circunstância de ver os fatos como eles são no momento, sejam eles bons ou maus. Pois nenhum Buda poderá revelar a verdade para o que não puder vê-la em si mesmo, e aquele que puder vê-la no momento presente não pode esperar que ela lhe seja mostrada no futuro. Assim, o Zen ensina que ninguém pode encontrar o Buda num paraíso, ou em qualquer reino celestial, até que primeiramente o tenha encontrado em si mesmo e nos outros seres sensíveis, e ninguém poderá esperar encontrar a iluminação num eremitério, a não ser que possa encontrá-la na vida do mundo. O primeiro princípio do Mahayana é o de que todas as coisas, mesmo que sejam vis na superfície e aparentemente insignificantes, são aspectos da natureza búdica, e isso significa que cada ser ou coisa tem de ser aceito; nada pode ser excluído da Terra do Lótus da Pureza como sendo mundano, trivial ou baixo. Como Thomas a Kempis escreveu na *Imitação de Cristo:* "Se teu coração estiver correto, então cada criatura será um espelho da vida e um livro da santa doutrina. Não há criatura tão pequena e abjeta, pois todas refletem a bondade de Deus"; e, à questão "O que é a iluminação?", um mestre zen replicou: "Os teus pensamentos cotidianos"; enquanto outro, ao lhe perguntarem "O que é o Tao?", respondeu: "A vida comum é o próprio Tao". Mestre Pai-chang disse que o Zen simplesmente é: "Comer quando tens fome, dormir quando estás cansado". Lin-chi declarou, por sua vez, que "o verdadeiro homem religioso nada tem a fazer a não ser seguir vivendo diante das várias circunstâncias desta existência mundana. Ele se levanta calmamente pela manhã, veste as roupas e vai trabalhar. Quando deseja caminhar, caminha; quando quer se sentar, senta-se. Ele não está perseguindo o Budado nem possui o mais remoto pensamento a esse respeito." Como isso é possível? Um sábio antigo diz: "Se te esforças pelo Budado através de qualquer recurso consciente, o teu Buda é na verdade a fonte da eterna transmigração."[3]

Se todas as coisas são na realidade o Tao ou a natureza búdica, qual a finalidade do esforço para tornar-se um Buda e alcançar o Nirvana? Para os que possuem olhos para ver, a verdade eterna e o Budado são manifestados nitidamente diante de nós, aqui e agora, em nossos pensamentos e ações, e na mutável corrente de eventos que estão fluindo diante de nós, o tempo todo. Portanto, não há qualquer objetivo em buscar o Budado como se fosse algo diferente da própria vida, assim como ela é. Nas palavras de Hui Neng: "A única diferença entre um Buda e uma pessoa comum é que um percebe isso, ao passo que o outro não consegue".

> Esta mesma terra é a Terra do Lótus da Pureza,
> E este corpo é o corpo de Buda.
>
> (Hakuin)

Portanto, o Zen interpreta o esforço para alcançar o Budado como se ele implicasse uma distinção entre a própria pessoa e a natureza búdica; essa é a base do egoísmo, pois significa que o nosso eu se separou do resto da vida, tornou-se isolado dos outros seres; essa é uma forma menor de loucura, pois o lunático é a pessoa mais isolada do mundo. Portanto, todas as ideias externas a respeito do Buda e do Nirvana devem ser obstinadamente eliminadas, e, com isso, o Zen se tornou uma forma de iconoclasma. Pois implacavelmente desarranjou todas as concepções e símbolos, todas as ideias externas e

---

3. SUZUKI, Daisetz Teitaro. *Essays in Zen Buddhism*, II, p. 260. (N.A.)

antropomórficas a respeito do Buda, que mascaravam a verdade. Assim, temos Lin-chi declamando:

> Ó seguidores da verdade! Se querem obter uma ortodoxa compreensão do Zen, não sejam enganados pelos outros. Se interna ou externamente encontrarem qualquer obstáculo, eliminem-no. Se encontrarem o Buda, matem-no; se encontrarem o Patriarca, matem-no; ...Matem-no sem hesitação, pois esse é o único caminho para a libertação. Não fiquem emaranhados com nenhum objeto; fiquem de pé, passem adiante e sejam livres!
>
> (*Trad.* Suzuki)

Novamente há uma frase zen que diz: "Não perca tempo com a ideia sobre onde o Buda está ou sobre onde ele não está; siga rapidamente adiante". Uma divertida história a esse respeito é a do mestre Tan-hsia e o Buda de madeira. Certa noite de inverno, Tan-hsia abrigou-se num templo; vendo que o fogo que o aquecia estava se apagando, retirou uma das figuras de madeira do Buda de um altar e lançou-a na fogueira. Quando o guardião do templo descobriu o que tinha sido feito, ficou furioso com esse ato sacrílego e começou a repreender Tan-hsia por sua irreverência. Mas Tan-hsia limitou-se a remexer as cinzas, dizendo:

– Estou recolhendo as sagradas relíquias das cinzas.

– Como – perguntou o guardião –, como poderás obter relíquias sagradas de um Buda de madeira?

– Se não há relíquias sagradas – replicou Tan-hsia –, este certamente não é um Buda e eu não cometi nenhum sacrilégio. Posso dispor dos dois Budas que restaram para o meu fogo?

O Zen era, portanto, um método de abordagem direto; dispensava a ajuda exterior para a religião, como coisas que poderiam levar as pessoas à confusão. As escrituras e as doutrinas são boas enquanto vistas como coisas que ajudam, e os mestres zen as comparavam com o dedo que aponta para a lua. O Zen pode ser resumido assim:

> Uma especial transmissão da iluminação fora das escrituras
> Não depende de palavras ou letras;
> Aponta diretamente para a alma do homem,
> Observando a natureza de cada um.

Mas, apesar de nos afirmarem que a verdade do Zen é óbvia, pois está diante dos nossos olhos em todos os momentos do dia, isso não nos leva muito longe. Parece que não há nada de importante nas coisas comuns da vida; parece que não há nada no ato de vestir nossas roupas, de comer nossa comida ou de lavar nossas mãos que possa indicar a presença do Nirvana e do Budado. Todavia, quando um monge perguntou ao mestre Chao-chou: "O que é o Tao?", ele respondeu: "A vida comum é o verdadeiro Tao". O monge perguntou outra vez: "Como podemos nos harmonizar com ele?" (isto é: "Como podemos nos colocar em harmonia e unidade com ele?".). Chao-chou respondeu: "Se tentares entrar em harmonia com ele, te afastarás dele". Pois a vida, mesmo as monótonas séries de eventos diários, é algo essencialmente indefinível e incompreensível; nunca, nem por um momento, o Tao permanece o mesmo. Nunca poderemos fazer com que ele se detenha para uma análise, uma definição. Caso tentemos pensar a respeito da velocidade com a qual o tempo está passando, ou com a qual as coisas estão mudando, nossas mentes entram num turbilhão, pois essa velocidade nunca poderá ser calculada. Quanto mais firmemente tentamos captar o momento, para manter uma sensação agradável ou definir algo de uma maneira que possa ser satisfatória para sempre, mais ilusório ele se torna. Costuma-se dizer que definir é matar. Se o vento parasse por um segundo para que pudéssemos capturá-lo, ele deixaria de ser vento. O mesmo é verdade com relação à vida. As coisas e os fatos estão perpetuamente mudando e se movendo; não podemos reter o momento presente e fazê-lo ficar conosco; não podemos chamar de volta o passado ou manter para sempre uma sensação passageira de si. Se tentarmos fazê-lo, tudo o que teremos será uma recordação; a realidade não está mais lá e nenhuma satisfação pode ser encontrada nisso. Se subitamente percebemos que estamos felizes, quanto mais tentarmos pensar em achar algum meio para preservar a nossa felicidade, mais rápido a veremos fugir para longe. Tentamos definir a felicidade a fim de podermos encontrá-la quando nos sentirmos infelizes. Um homem pensa: "Estou feliz agora por estar neste lugar. Portanto, para mim, a felicidade consiste em ir e em permanecer neste lugar". E no próximo instante ficará infeliz se tentar usar essa definição; irá para aquele lugar novamente e verificará que não está feliz; o que existe é uma lembrança apagada da felicidade, e a definição anterior não se mantém válida. Pois a felicidade é como os pássaros azuis de Maeterlink – tente capturá-los e logo perderão a cor; é como tentar segurar a água por entre os dedos – quanto mais firme apertarmos, mais rapidamente ela escorrerá. Portanto, se perguntarmos a um mestre zen "O que é o Tao?", ele responderá imediatamente: "Caminhe!", pois nós só podemos compreender a vida quando mantemos o nosso passo com ela, através de uma completa afirmação e aceitação das suas infindáveis mudanças e de suas mágicas transformações. Com essa aceitação, o discípulo zen fica imbuído de um grande senso de admiração, pois todas as coisas estão constantemente se modificando.

O início do universo é agora, pois todas as coisas estão sendo criadas neste momento; e o fim do universo é agora, pois todas as coisas estão desaparecendo neste momento.

Devido a isso, o poeta zen P'ang-yün diz:

> Quão maravilhosamente sobrenatural,
> E quão miraculoso é isto:
> Extraio água e levo combustível!
>
> (*Trad.* Suzuki)

Assim, o Zen algumas vezes é descrito como "retidão" ou "caminhar direto para a frente", pois o Zen é mover-se com a vida, sem tentar parar ou interromper o seu fluxo; é a consciência imediata das coisas à medida que vivem e se movem, diferente da mera captação de ideias e de sentimentos sobre as coisas, símbolos apagados de uma realidade viva. É por isso que o mestre Takuan diz em relação à arte da esgrima (*kendo*) – uma arte fortemente influenciada pelos princípios do Zen:

> Isto – que pode ser denominado de "não interferência" na atitude da mente – constitui o mais vital elemento na arte da esgrima, bem como no Zen. Caso exista algum espaço, seja da espessura de um fio de cabelo, entre duas ações, aí está uma interrupção.

O que quer dizer que o contato entre um fato e a resposta da mente a ele não deve ser interrompido pelo pensamento discursivo, pois, ele continua:

> Quando batemos as mãos, nasce um som sem que haja um momento de deliberação. O som não espera ou pensa antes de se manifestar. Não há qualquer demora; um movimento segue-se ao outro sem ser interrompido pela nossa mente consciente. Se estamos perturbados e cogitamos o que fazer, vendo o oponente prestes a nos atingir, damos-lhe a oportunidade, ou seja, uma feliz chance para aplicar o seu golpe mortal. Faz com que a tua defesa siga o ataque sem um momento de interrupção, e não haverá dois movimentos que possam ser conhecidos como ataque e defesa.

Portanto, se "ataque" representa o mundo exterior, ou a vida, a "defesa" é a nossa resposta à vida; isto significa que a distinção entre o "eu" e a "vida" é destruída; o egoísmo desaparece quando o contato entre os dois é tão imediato que se movem juntos, mantendo o mesmo ritmo. Takuan diz mais:

> Essa ação imediata da tua parte inevitavelmente terminará na autoderrota do oponente. É como um bote que desliza suavemente em direção às corredeiras; no Zen, como na esgrima, é altamente valorizada uma mente que não hesita, que não para. Por isso se fazem muitas referências ao Zen como o relâmpago de um raio, ou como centelhas saltando do impacto de duas pedras. Se isso for compreendido no sentido de rapidez, um tremendo engano é cometido. A ideia é mostrar a imediaticidade da ação, como um ininterrupto movimento da energia-vida. Sempre que for deixado um espaço para uma interrupção de quinze minutos que não tem

relação vital com a ocasião, podes ficar certo de que perderás a tua posição. Isto não significa, entretanto, que devemos desejar fazer as coisas arrebatadamente ou o mais rapidamente possível. Se houver em ti esse desejo, a tua presença já seria uma interrupção.

(Trad. Suzuki)[4]

O que foi dito é, de muitas maneiras, muito semelhante à arte de ouvir música; se paramos para considerar nossa reação intelectual ou emocional em relação a uma sinfonia enquanto esta estiver sendo executada, para analisar a construção de um acorde ou nos determos num compasso particular, perde-se a melodia. Para ouvir toda a sinfonia temos de nos concentrar no fluxo das notas e das harmonias à medida que soam, mantendo a nossa mente sempre no mesmo ritmo. Pensar sobre o que se passou, imaginar o que virá ou analisar o seu efeito sobre nós é interromper a sinfonia e perder a realidade. Toda a atenção deve ser dirigida à sinfonia, e devemos nos esquecer de nós mesmos; se qualquer tentativa consciente for feita para nos concentrarmos na sinfonia, a mente é levada à deriva pelo pensamento em si mesmo, tentando se concentrar. Foi por essa razão que Chao-chou contou ao monge que, se *tentasse* entrar em acordo com o Tao, afastar-se-ia dele. Portanto, o Zen foi mais longe do que ensinar ao homem como ouvir uma sinfonia em vez de pensar em suas reações, pois mesmo o dizer a alguém como não pensar sobre as suas reações independentes faz com que essa pessoa pense em como não pensar nisso! Por essa razão, o Zen adotou o método positivo de enfatizar a própria sinfonia

---

4. A tradução acima do conselho de Takuan foi retirada do volume III dos *Essays in Zen Buddhism* do Professor Suzuki, p. 319. Veja também a seção a respeito do judô e do kendô no capítulo V. (N.A.)

da vida; toda conversa acerca de tentar harmonizar a mente introduz o conceito do "eu" que está tentando algo. Dessa forma, a atenção é afastada para longe do fato real da vida. Era isso que os mestres zen apontavam; eles simplesmente demonstravam a vida sem fazer qualquer afirmativa ou negativa a respeito dela. Sendo assim, um deles pôde dizer ao seu discípulo: "Além da afirmativa ou negativa, mostra-me a verdade do Zen. Rápido, rápido, ou receberás trinta socos!". O discípulo não tinha tempo para parar e pensar numa resposta; o mestre esperava que a resposta viesse imediata e espontaneamente, como o movimento da própria vida. Certa vez, um mestre segurou um bastão diante de um grupo de discípulos e disse: "Ó monges, estão vendo isto? Em caso afirmativo, o que estão vendo? Vocês diriam: 'É um bastão'. Se o disserem, vocês são pessoas comuns e não têm o Zen. Mas se disserem 'Não vemos qualquer bastão', então eu diria: 'Aqui estou eu segurando um, e como podem negar tal fato?'.". O bastão em pauta era conhecido como o *hossu*, o símbolo do ofício do mestre, e era usado com frequência para demonstrar o Zen, uma vez que ficava sempre à mão. Certa vez o mestre Hsiang-yen perguntou a um discípulo:

– Havia um monge que perguntou a Wei-shan por que o Bodhidharma tinha vindo para a China. Em resposta, Wei-shan levantou o seu *hossu*. Acaso compreendes o significado da ação de Wei-shan?

– A ideia do mestre – replicou o discípulo – é elucidar a mente com algo material, para revelar a verdade por meio de uma realidade objetiva.

– Tua compreensão – disse o mestre – é correta até onde alcança. Mas que utilidade há em ter tanta pressa para teorizar?

Então o discípulo respondeu:

– Qual será, então, a sua compreensão?

Hsiang-yen, silencioso, ergueu firmemente o bastão.

O mestre Pai-chang certa vez colocou um jarro diante de dois discípulos, dizendo:

– Não chamem a isso de jarro, mas digam-me o que é.

Um deles respondeu:

– Isso não pode ser chamado de uma peça de madeira.

Pai-chang considerou esta resposta insuficiente e fez ao outro a mesma pergunta. Em resposta, este veio à frente, afastou o jarro e caminhou em outra direção. Em virtude disso, Pai-chang indicou esse discípulo como seu sucessor.

Era dessa forma que os mestres zen traziam às mentes dos discípulos o contato direto com a vida, com o processo da constante mudança e movimento. Esse processo é que é a natureza búdica que se manifesta perpetuamente a si mesma. Conhecer a natureza búdica era conhecer a vida livre de "interrupções"; a principal dessas interrupções era o conceito do "eu" como uma entidade separada da vida, ocupada inteiramente com suas reações específicas diante da realidade, como algo diferente dessa mesma realidade. O Buda tinha ensinado que a causa dessa loucura era *Trishna* (páli: *Tanha*), palavra inúmeras vezes tão mal traduzida como "desejo". Literalmente, ela significa "sede"; daí vem a expressão "sede de vida", enquanto no contexto do ensinamento do Buda significa, indubitavelmente, sede de vida como um ser isolado, como alguém que permanece no exterior e considera prioritariamente o efeito que a vida está tendo e terá sobre si. Alheio a esse efeito, ele não possui qualquer compreensão da vida e, assim, nunca vive realmente. Recorrendo novamente à analogia da música, ele é como alguém que está tão ocupado com seus próprios sentimentos a respeito de uma melodia que ela é ouvida somente em parte, pois, enquanto ele pensa nos efeitos dos primeiros movimentos da orquestra, muitos outros já foram tocados e foram irremediavelmente perdidos. Mas, enquanto os filósofos do Mahayana consideravam intelectualmente essas coisas, preocupando-se com ideias em vez de preocupar-se com realidades, o Zen passou além de todo pensamento discursivo. Quando interrogado sobre os mistérios do budismo, o mestre respondeu: "O cipreste no pátio! O bosque de bambus no sopé da colina! O capacho sujo! Qualquer coisa que traga a mente de volta das abstrações para a vida!".

Intimamente ligado com o mencionado acima, há um outro importante aspecto do Zen que pode ser chamado de "pobreza espiritual". Quase todas as formas de religião insistiram no fato de que ter muitas posses constitui um impedimento para o progresso espiritual; mas, enquanto o monge zen tem certamente um mínimo de posses materiais, o Zen interpreta a pobreza como uma atitude da mente em vez de uma condição física. Uma das formas mais comuns de tentar fixar a vida em definições rígidas é qualificar algo, quer se trate de uma pessoa, de uma coisa ou de uma ideia, com a definição: "Isto me pertence". Mas, devido ao fato de a vida ser um processo em perpétua mutação, cada momento em que pensamos ter tomado realmente posse de alguma coisa, a verdade é que a perdemos por completo. Tudo o que possuímos é a nossa própria ideia acerca da coisa desejada – uma ideia que tende a permanecer fixa, que não cresce como as coisas. Assim, um dos fatos mais notados em relação aos que estão obcecados pela ambição de riqueza, quer sejam coisas materiais ou ideias acalentadas, é seu desejo que essas coisas permaneçam como são – não só que essas posses permaneçam em suas próprias mãos, mas que não mudem de mãos. Há teólogos e filósofos que mostram grande preocupação se alguém questiona suas ideias acerca do universo, pois imaginam que dentro dessas ideias estão incrustadas as verdades definitivas. E pensam que, se perderem essas ideias, perderão a verdade. Mas, devido ao fato de a verdade estar viva, ela não será presa por nada que não mostre sinais de vida – ou seja, uma concepção cuja validade é sustentada como dependente em parte do fato de ser imutável. Pois assim que imaginamos ter capturado a verdade da vida, a verdade desaparece, pois ela não pode se tornar propriedade de ninguém; a razão disso é que a verdade é a vida, e uma pessoa pensar que possui toda a vida é um manifesto absurdo. A parte não pode possuir o todo. Por isso Chuang-Tzu conta a seguinte história:

> Shun perguntou a Ch'en: "Pode alguém capturar o Tao de forma a possuí-lo somente para si?".
>
> Ch'en respondeu: "Se o teu próprio corpo não te pertence, como o Tao poderá ser teu?".
>
> Shun replicou: "Se o meu corpo não é meu, rogo que me digas: de quem ele é?".
>
> "É a imagem delegada do Tao", replicou Ch'en. "Tua vida não te pertence. É a harmonia delegada pelo Tao; tua individualidade, na realidade, não é tua. É a delegada adaptabilidade do Tao... Ao te moveres, não sabes como te moves. Quando repousas, não sabes por que repousas...

Essas são as operações das leis do Tao. Como, então, poderás obter o Tao como se ele fosse teu?"

Assim como ninguém pode possuir a vida, nenhuma ideia que uma pessoa possa ter pode defini-la; a ideia da posse é ilusória pois, além do fato de que todas as coisas eventualmente passarão para outra forma e nunca poderão permanecer no mesmo lugar por toda a eternidade, na raiz da posse está o desejo de que elas não se alterem, e essa é uma impossibilidade completa. Se, portanto, a vida nunca pode ser capturada, como poderá ser compreendida? O Zen responderia: poderá ser compreendida não tentando captá-la ou defini-la, e esse é o ideal budista fundamental do desapego, ou o ideal taoísta do *wu-wei*.

Mas o budismo e o taoísmo vão mais além, dizendo que nada poderá ser possuído; declaram que aqueles que tentam possuir estão, de fato, sendo *possuídos*, pois são escravos das suas próprias ilusões acerca da vida. A liberdade espiritual é aquela capacidade de ser espontâneo e sem amarras como a própria vida, ser "como o vento que sopra; ao ouvirmos o seu som não podemos dizer de onde vem e para onde vai". "Da mesma forma", diz Jesus, "são todos os que nascem do espírito." Mas o não apego não significa fugir das coisas e ir para um eremitério tranquilo, pois nunca poderemos escapar de nossas próprias ilusões acerca da vida. Elas estão em nós e, se temos medo delas e desejamos escapar, isso significa que estamos duplamente escravizados a elas. Pois, quer estejamos contentes com nossas ilusões ou aterrorizados com elas, de fato estamos igualmente possuídos por elas. E, portanto, o não apego do budismo e do taoísmo significa não fugir da vida, mas correr junto com ela, pois a liberdade vem através da completa aceitação da realidade. Os que desejam manter suas ilusões não se movem; os que têm medo delas correm para trás caindo em ilusões maiores ainda; enquanto os que as conquistam "caminham para a frente".

Assim, a pobreza do discípulo zen é o aspecto negativo da sua liberdade espiritual; ele é pobre no sentido de que sua mente não está entulhada com impedimentos materiais e intelectuais – *impedimenta*, a palavra latina que significa "bagagem". Esse estado mental é a realização da doutrina mahayana do *sunyata*, do vazio de todas as coisas transitórias; nada pode ser capturado, pois tudo é vazio; não há nada para capturar, pois o eu é vazio. Portanto, o *Yuen-Chioh Sutra* declara que todas as coisas componentes são "como nuvens errantes, como a lua minguante, como barcos que se dirigem ao oceano, como as praias que são constantemente varridas pelas ondas", e os mestres zen que percebem a evanescência do mundo exterior, das suas próprias ideias e do próprio ego, cessam de agarrar-se a essas formas passageiras. Nas palavras do *Dhammapada*, eles são "aqueles que nada possuem... que compreenderam a liberdade incondicionada e sem causas daquilo que passa. É impossível traçar a senda desses homens, assim como o caminho dos pássaros no céu não pode ser seguido." Para o Zen, a vida não se resume na rotina; ela é a liberdade do espírito, livre de circunstâncias exteriores e de ilusões interiores. Sua própria natureza é tal que não pode ser descrita por palavras, e o modo mais próximo de atingi-la é usando analogias. A vida é como o vento que se move na face da terra, não parando nunca em lugar algum, nunca se apegando a qualquer objeto específico, sempre se adaptando às subidas e descidas do terreno. Caso tais analogias deixem a impressão de um *laissez-faire* onírico, temos de lembrar que o Zen não é sempre uma brisa gentil, como o taoísmo decadente; a maior parte das vezes é como um furacão que varre tudo diante de si, um vento enregelante que penetra o coração de tudo e atravessa até o outro lado! A liberdade e a pobreza do Zen consistem em deixar tudo e "caminhar em frente", pois isso é o que a vida faz, e o Zen é a religião da vida.

Devido a isso, os mestres dizem aos seus discípulos para esquecerem tudo o que aprenderam antes de praticarem o Zen, esquecer mesmo o conhecimento que têm do budismo, pois o próprio Buda declarou que o seu ensinamento era apenas um bote para atravessar um rio; quando alcançamos a outra margem, temos de deixar o bote para trás; mas tantos dos seus seguidores confundiram o bote com a outra margem! Todavia, esse aspecto negativo do Zen, esse abandono, é apenas uma outra maneira de expressar o fato positivo de que abandonar tudo é, na realidade, ganhar tudo. "Aquele que perder sua vida, a encontrará." O Professor Suzuki mostra que, enquanto era costume de alguns dos mestres mostrar sua pobreza, outros preferiam mostrar uma completa suficiência de coisas. Assim, enquanto Hsiang-yen diz:

> A pobreza do ano que passou não foi suficiente;
> Minha pobreza, este ano, é pobreza de verdade.
> Na minha pobreza do ano que passou havia espaço para a ponta de uma verruma;
> Mas neste ano até a verruma se foi.

Mumon enfatiza o outro lado do quadro:

Centenas de flores primaveris, a lua do outono,
Uma refrescante brisa, neve de inverno,
Liberta a tua mente dos pensamentos ociosos,
e todas as estações se tornarão agradáveis!

Encontramos aqui a aceitação e a afirmação das mudanças sazonais; da mesma maneira o Zen aceita e afirma o nascimento, o crescimento, a decadência e a morte do homem. Não há lamentações pelo passado, nem medo pelo futuro. Assim, o discípulo zen conquista tudo ao aceitar tudo, pois a possessividade comum é perda – é a negação do direito de as pessoas e coisas viverem e mudarem; portanto, a única perda no Zen é a perda dessa negação.

Depois de tudo isso, o estudante ocidental estará naturalmente imaginando onde a moralidade comum entra no Zen. Cada religião tem o seu código moral, e o Buda resumia seu ensinamento nestas palavras:

Cessai de fazer o mal;
Aprendei a fazer o bem;
Limpai o próprio coração:
Este é o caminho dos Budas.

Poder-se-á perguntar se não há um grave perigo na prática zen de aceitar todas as coisas, boas ou más, como manifestações da natureza do Buda, pois nessa base seria possível justificar qualquer forma de ação. Na verdade, essa é uma dificuldade que os mestres zen tiveram de reconhecer inúmeras vezes; os discípulos frequentemente utilizavam essa liberalidade do Zen para justificar sua libertinagem; por essa razão, os membros das comunidades zen observam uma rígida disciplina. A solução para essa dificuldade é que ninguém deve iniciar a prática do Zen sem ter-se adaptado a uma completa disciplina moral. Apesar de a moralidade não dever ser confundida com religião, ela nos impele, de certo modo, em direção à meta; ela não pode nos levar ao longo de todo o caminho, pois é essencialmente rígida, intelectual e limitadora, e o Zen começa onde a moralidade acaba. Ao mesmo tempo, a moralidade é valiosa enquanto for reconhecida como um meio para atingir um fim; é uma boa serva, mas um mestre terrível. Quando os homens a usam como serva, ela permite que se adaptem à sociedade, e que se misturem facilmente com seus companheiros e, mais especialmente, permite a liberdade para o desenvolvimento espiritual. Quando ela é o mestre, as pessoas tornam-se intolerantes e puras máquinas éticas convencionais. Mas, como um meio para alcançar um fim, torna a existência social possível, garante os homens contra os estorvos causados por seus companheiros e, apesar de em si mesma não produzir a compreensão espiritual, provê a necessária liberdade para o desenvolvimento espiritual. Um jardim tem de ser disciplinado a fim de que flores e plantas não se asfixiem umas às outras; contudo, a beleza do jardim não está na disciplina, mas nas coisas cujo crescimento tornou o jardim possível. E, assim como um jardim tem de ser cultivado e planejado para que as flores possam crescer, a lei moral tem de ser dominada antes da lei espiritual, pois, assim como as flores podem asfixiar-se umas às outras, os seguidores do espírito podem tornar-se selvagens libertinos. Todavia, a moralidade, no sentido ético de ser adaptada à sociedade, não é por si só uma suficiente preparação para o Zen. É necessário algo mais forte do que ela para fazer nascer no homem o tremendo poder do espírito, sem que ele fique correndo desesperado, sem rumo, e esse algo é a autodisciplina. No sentido pleno do termo, essa virtude é rara na sociedade humana, muito embora nenhuma sociedade possa existir sem ela, e a longa duração da civilização chinesa em confronto com a da Grécia Antiga deve ser atribuída principalmente à insistência de uma rígida autodisciplina no confucionismo e no budismo.

Por isso, os mestres zen sempre insistiram num severo treinamento moral como preliminar para a prática do Zen. Esse treinamento é pitorescamente mencionado como "a longa maturação no ventre sagrado", e numerosas histórias são contadas sobre a disciplina que os mestres se impuseram nos primeiros estágios do seu desenvolvimento, e como controlaram inteiramente seus pensamentos e suas emoções, e como se fortaleceram na neve e na geada em templos arruinados, onde "não havia telhado e as estrelas brilhavam durante toda a noite". Há uma notável série de gravuras conhecidas como os *Dez estágios do domar a vaca espiritual* que demonstram particularmente bem este ponto. A tarefa de compreender o Zen é representada sob a alegoria de um homem prendendo e domando uma vaca selvagem, que simboliza a mente. Há dez gravuras mostrando a vaca sendo acuada, capturada e dominada até que fique suficientemente domesticada para o homem poder montar no seu dorso. Então a vaca é esquecida, e o homem é visto sentado, tranquilamente, junto de sua choupana, enquanto a próxima gravura é um círculo vazio intitulado *A vaca e o homem não são mais vistos*, pois todas as ilusões foram conquistadas e todo o mundo objetivo é visto como um vazio. Mas isso não é tudo, pois, embora o discípulo compreendesse a evanescência de todas as formas, ainda não fizera contato direto com a vida;

ele viu as coisas como ilusões, mas não compreendeu ainda a sua natureza búdica fundamental. Daí a gravura seguinte ser chamada de *Volta à origem, volta à fonte*, e ela mostra somente uns poucos tufos de relva junto a um córrego, ao passo que a última gravura mostra o Bodhisattva comunicando o que encontrou aos outros, sob a forma de um rotundo e alegre Pu Tai – o deus da boa fortuna, que "entra na cidade com as mãos transbordantes de paz". Na quinta gravura, onde se vê a vaca sendo conduzida cuidadosamente de volta ao caminho, encontra-se um verso que diz:

> Nunca deixes que te afastem
> Do chicote e da corda,
> Pois, caso contrário, ela fugirá para um mundo profano.
> Quando ela for adequadamente domada,
> Crescerá pura e dócil;
> E mesmo sem cordas, e sem nada que a prenda,
> Seguir-te-á espontaneamente.

As restrições morais poderão ser descartadas quando a mente for completamente controlada e forçada a adotar hábitos rígidos, mas é somente na última gravura que o homem "segue seu próprio caminho, sem seguir os passos dos antigos sábios. Carregando uma abóbora, ele vai ao mercado; apoiado num bastão, volta para casa. Ele é encontrado entre os beberrões e os açougueiros; e tanto ele como os outros são convertidos em Budas."[5]

---

5. As gravuras completas que narram os estágios da domação da vaca, com o adendo de comentários e versos, podem ser encontradas no final do primeiro volume dos *Essays in Zen Buddhism*, do Professor Suzuki. Há duas outras versões dessas gravuras no seu *Manual of Zen Buddhism*. (N.A.)

III

A TÉCNICA DO ZEN

Descrito em palavras, o Zen tem muito em comum com muitas outras religiões e filosofias; as ideias de pobreza, de liberdade, de aceitação e de contato direto com a realidade estabelecidas no capítulo anterior são encontradas também no taoísmo, no vedanta, no sufismo e nos escritos de muitos místicos cristãos. Embora o Zen possa chegar, de certo modo, um tanto mais além do que outros sistemas em todas essas coisas, não é radicalmente diferente naquilo que diz respeito à experiência espiritual definitiva. Nos seus métodos, entretanto, é único. Apesar de o destino de quase todo culto arruinar-se com o tempo, no espírito dos seus seguidores originais o Zen pôde preservá-lo até os nossos dias. Mas, 1.400 anos depois, o Zen ainda não degenerou num mero "filosofismo" ou numa mera observação de preceitos, cujo significado original não se conhece mais. Há duas razões para isso; primeiro, o critério do Zen é uma experiência espiritual tão definida que não pode haver engano; em segundo lugar, os antigos mestres inventaram um método de transmitir seus ensinamentos que nunca poderá ser explicado pelo intelecto, meio que, se for utilizado, poderá produzir um único resultado: essa experiência espiritual. Esses dois fatores são inseparáveis; o primeiro é conhecido como *Satori*; o segundo, como *Koan* (pronuncia-se Ko-an).

Satori é uma experiência definida na medida em que o seu aparecimento e os seus efeitos se relacionam com o caráter; de outro modo, ele é indefinível, pois é uma súbita compreensão da verdade do Zen. Essencialmente, o *Satori* é uma experiência súbita e é inúmeras vezes descrito como uma "reviravolta" da mente, assim como o desequilíbrio dos pratos de uma balança quando num deles não se coloca material suficiente para contrabalançar o peso do outro. É, pois, uma experiência que geralmente ocorre após um esforço longo e concentrado para descobrir o significado do Zen. Sua causa imediata pode ser o fato mais trivial, ao passo que o seu efeito tem sido descrito pelos mestres zen da maneira mais surpreendente. Um mestre escreveu a respeito da sua própria experiência: "O *Satori* está além da descrição e é completamente incomunicável pois não há nada no mundo com que possa ser comparado... Quando olhei em volta, para cima e para baixo, todo o universo com seus múltiplos objetos sensoriais me pareceu completamente diferente; tudo o que antes era repulsivo, junto com a ignorância e as paixões, passou a ser visto como o simples fluir da minha natureza mais profunda, que em si mesma permanecia brilhante, verdadeira e transparente". Outro mestre escreveu: "Todas as dúvidas e indecisões que eu tinha antes foram completamente dissolvidas como um pedaço de gelo ao descongelar-se. Eu gritei, então: 'Que maravilha! Que maravilha!'. Não há nascimento ou morte dos quais tenhamos que escapar nem há qualquer conhecimento supremo pelo qual tenhamos que nos esforçar".

Algumas descrições são mais vívidas ainda do que essas; em muitos casos, parece que o fundo do universo caiu, como se a opressão do mundo exterior subitamente se tivesse dissolvido como uma vasta montanha de gelo, pois o *Satori* é a libertação do nosso habitual estado de tensão, de apego a falsas ideias de posse. Subitamente, toda a rígida estrutura, que é a usual interpretação humana da vida, é feita em pedaços, resultando daí o sentido de uma ilimitada liberdade; o teste do verdadeiro *Satori* é o fato de que quem o experimenta não tem a menor dúvida em relação à totalidade da sua libertação. Se houver a menor incerteza, o menor sentimento de "isto é bom demais para ser verdadeiro", então o *Satori* é apenas parcial, pois ainda implica um desejo de se apegar à experiência, senão ela seria perdida, e até que esse desejo seja ultrapassado, a experiência nunca poderá ser completa. O desejo de conseguir rapidamente o *Satori*, de ter certeza de que ele existe, o destrói, da mesma forma que destrói qualquer outra experiência. Mas o nosso sentimento de certeza não é o único teste do *Satori*; um mestre experiente pode dizer imediatamente se o discípulo tem alguma dúvida: primeiro, por sua intuição, segundo, ao testar o discípulo com um *Koan*.

Enquanto o *Satori* é "a medida do Zen", pois sem ele não haverá Zen em absoluto, mas somente um monte de coisas sem sentido, o *Koan* é a medida do *Satori*. Literalmente, a palavra "*Koan*" significa "um documento público", mas veio a significar uma certa forma de problema baseado nas ações e palavras de mestres famosos. É um problema que não admite solução intelectual; a resposta não tem conexão *lógica* com a pergunta, e a pergunta é de tal natureza que embaralha completamente o intelecto. Aqui estão alguns exemplos:

"Um som é produzido quando batemos palmas. Que som é produzido quando batemos palmas com uma só mão?"

"Há muito tempo um homem mantinha preso um ganso numa garrafa. Ele cresceu, cresceu, até que não podia mais sair da garrafa; mas o homem não queria quebrar a garrafa nem ferir o ganso; como o ganso poderia ser retirado?"

Eis um quebra-cabeça para os metafísicos mahayana que proclamam que todos os objetos do universo são meras manifestações da realidade única:

"Quando o múltiplo é reduzido ao um, a que o um é reduzido?"

"Aqui está um homem numa árvore, segurando-se a um dos seus ramos com a boca, não se agarrando a nada com as mãos nem tocando o tronco com os pés. Alguém ao pé da árvore pergunta-lhe: 'O que é o Zen?'. Caso não responda a essa pergunta, não deixará satisfeito quem perguntou; mas, se falar, mesmo se disser uma só palavra, cairá para a morte. Que resposta darias se fosses ele?"

Para os ocidentais esses *Koans* poderão parecer puro lixo, reminiscências da pergunta: "Por que é um rato quando rodopia?". Mas devemos notar que todos esses *Koans* nos envolvem em alguma espécie de dilema; geralmente, há uma escolha entre duas alternativas, ambas igualmente impossíveis. Assim, cada *Koan* reflete o gigantesco *Koan* da vida, pois para o Zen o problema da vida é passar além das duas alternativas da afirmação e da negação, pois ambas obscurecem a verdade. Assim, um *Koan* com menos falta de sentido é o que já citamos, "Além da afirmação e da negação; diga uma palavra zen ou receberás trinta golpes!" Cada *Koan* tem de, eventualmente, levar a esse impasse. Começamos tentando captá-lo intelectualmente; constata-se que ele contém uma certa dose de simbolismo e de analogia. Assim, na história a respeito do ganso, verificamos que ele representa o homem, enquanto a garrafa representa as circunstâncias; ele tem de abandonar o mundo a fim de libertar-se dele ou ser esmagado por ele, mas ambas essas alternativas são formas de suicídio. Qual a finalidade de abandonar o mundo, e o que poderemos alcançar se permitirmos ser esmagados por ele? Eis o dilema fundamental com que se defronta o discípulo zen, para o qual terá de encontrar uma solução. No momento em que a encontra, chega o relâmpago do *Satori*. O ganso está fora da garrafa, que não foi quebrada, pois subitamente o discípulo escapou do cativeiro de sua própria prisão imaginária: a rígida visão da vida que ele mesmo criou, derivada do seu desejo de posse. Assim, à pergunta: "Como escaparei da Roda do Nascimento e da Morte?", um mestre respondeu: "Quem te colocou no cativeiro?".

Muitos estudantes ocidentais estão sob a impressão de que a "meditação" zen (isto é, o trabalho com o *Koan*) é uma forma de auto-hipnose, sendo o seu objetivo o de induzir a um estado de transe. Agindo sob essa impressão, Arthur Waley descreveu o Zen como "quietismo", Reischauer, como "uma autointoxicação mística", e Griffiths, como "o assassinato da mente e a maldição dos devaneios inúteis."[6] O exato oposto é a verdade; trabalhe com um *Koan*, para ter êxito, sem precisar ter nada da passividade do quietismo, e, quanto ao "assassinato da mente e a maldição dos devaneios inúteis", uns poucos dias de permanência numa comu-

---

6. *Religions of Japan*, p. 255. (N.A.)

nidade zen dariam fim aos inúteis devaneios, enquanto a acusação de que o Zen é "o assassino da mente" não é mais verdadeira do que a acusação de que ele perturba toda a moralidade. Pois, assim como a moralidade, a mente (o intelecto) é um bom servo e um mau mestre, e, enquanto a regra for a de que os homens se tornem escravos por seus modos intelectuais de pensamento, o Zen visa controlar e ultrapassar o intelecto; mas, como no caso do ganso e da garrafa, o intelecto, como a garrafa, não é destruído. O *Koan* não é um meio para induzir o transe, como se alguma espécie de transe fosse a mais alta conquista possível para seres humanos; é apenas um meio de ultrapassar uma barreira ou, como os mestres zen o descrevem, é um tijolo com o qual batemos na porta; quando ela se abre, o tijolo pode ser jogado fora, e essa porta é a rígida barreira que o homem constrói entre ele mesmo e a liberdade espiritual. Quando a porta é aberta no momento do *Satori*, o discípulo não entra em transe, mas passa a ter uma nova atitude de vida que reflete uma notável beleza. Esses críticos ocidentais, mal-informados devem estar confundindo o Zen com um cisma certamente tão antigo como a época de Hui-Neng, o Sexto Patriarca, que dizia existirem discípulos que afirmavam que a única coisa a ser feita era sentar-se imóvel com uma mente perfeitamente vazia; mas em mais de uma ocasião ele enfaticamente afirmou que essas pessoas não eram melhores do que os objetos inanimados de madeira ou de pedra.

Muito longe de ser um exercício de passividade, o *Koan* envolve a mais tremenda luta mental e espiritual, exigindo o que os mestres chamam de "um grande espírito de busca". Assim, o mestre Ku-mei Yu escreve: "Uma vez elevado diante da mente, não deixes nunca o

Koan escapar; tenta, com toda persistência que possuíres, ver a significação que o *Koan* te dá e nunca vaciles em tua determinação de ir até o fundo do assunto... Não faças do *Koan* um quebra-cabeças; não busques o seu significado na literatura que aprendeste; vai firme nele sem qualquer espécie de ajuda intermediária". Uma vez iniciado o trabalho com o *Koan*, toda uma massa de ideias surgirá na mente, significados simbólicos, associações, possíveis soluções e toda espécie de pensamentos peregrinos. Eles devem ser firmemente postos de lado e, quanto mais insistentes se tornam, mais intensamente temos de nos concentrar no próprio *Koan*, lutando para penetrar no dilema que ele representa. De tempos em tempos, o mestre entrevistará o discípulo para verificar como está o seu progresso e, inúmeras vezes, quando o discípulo oferecer como solução um pensamento meramente intelectual e lógico, o mestre o desaprovará dizendo que deverá tentar de novo. Em geral, esse processo continuará durante vários anos, até que o discípulo eventualmente alcance um completo impasse; compreende, então, que qualquer solução intelectual é fútil; atinge um estado onde o dilema da vida contido no *Koan* torna-se uma esmagadora realidade e um problema tão urgente a ponto de poder ser comparado a uma bola de ferro em brasa presa na nossa garganta. Do ponto de vista filosófico, podemos compreender perfeitamente que o grande problema da vida é arrancar o ganso da garrafa sem feri-lo, passando além da afirmação e da negação, encontrando a libertação das alternativas impossíveis de dominar o mundo tentando possuir tudo ou deixando que sejamos completamente dominados pelas circunstâncias. Mas isso não significa que compreendamos o problema como sendo a mais urgente de todas as necessidades. A escolha está entre nos afirmarmos contra o mundo, tentando fazer com que todas as coisas se submetam a nós, e, por outro lado, entregarmo-nos completamente ao "destino", negando assim a nossa capacidade pessoal de alcançar qualquer coisa. A maioria de nós evita essa última forma e tenta fracamente a primeira, apegando-se rapidamente às posses físicas e mentais na esperança de incorporá-las à sua bagagem. E enquanto essa primeira alternativa possivelmente nunca seja alcançada, pois quanto mais nos agarrarmos aos objetos do nosso desejo, mais rapidamente eles fugirão, o pensamento da segunda alternativa nos enche de horror diante da morte eterna. Se isso nos ocorre como um problema, isso só acontece de um modo remoto e filosófico, parecendo tão distante como o dia do juízo final; e, como há muito tempo entre hoje e esse futuro remoto, podemos esperar por uma possível solução que mude essa situação.

Mas o trabalho com um *Koan* faz do problema uma realidade imediata, e, quando o impasse é alcançado, o discípulo se assemelha a um rato que é perseguido num túnel sem saída, ou a um homem que subiu até o topo de um poste ou chegou à beira de um precipício tentando escapar de um incêndio. Somente quando esse estágio sem esperança é alcançado é que os mestres estimulam os discípulos a redobrarem seus esforços. Um caminho tem de ser encontrado no topo de um poste, e um rato tem de reunir todas as suas forças para romper as paredes do túnel. Num trabalho chamado *The mirror for Zen Students* (O espelho dos estudantes do Zen), compilado pelo mestre T'ui-yin, está escrito: "Quando a investigação continua firme e sem interrupções, verás que não existe nenhuma pista intelectual no *Koan*, pois ele é completamente desprovido de significado, no sentido normal dessa palavra, é inteiramente plano, desprovido de gosto, não tem nada de apetitoso, e que estás começando a te sentir impaciente e pouco à vontade". Depois de certo tempo, esse sentimento se intensifica, e o *Koan* parece ser algo opressivo e impenetrável, a ponto de o discípulo comparar-se a um mosquito que tenta picar um pedaço de ferro; mas, "no mesmo momento em que o ferro rejeita definitivamente o seu fraco ferrão, de imediato e de uma vez por todas ele se esquece de si mesmo, consegue penetrar, e o trabalho é feito". Não há como explicar esse momento, a não ser dizendo que é o momento em que os grilhões da ilusão se rompem sob a intensa pressão da vontade do discípulo. O exercício do *Koan* visa concentrar a mente e estimular a vontade no mais elevado grau; nesses últimos estágios o esforço será provocado simplesmente pelo aumento da dificuldade da tarefa. Assim, quando o dilema final está diante do discípulo, ele o vencerá com uma tremenda força de vontade, e, quando essa tremenda força de vontade faz frente à teimosa resistência do *Koan*, algo acontece; e, assim como no momento do "impacto", quando o mosquito pousa no pedaço de ferro, vem um relâmpago de *Satori*, e o discípulo compreende que não existe problema algum! "Nada lhe resta fazer nesse momento", escreve um mestre, "a não ser explodir numa gargalhada."

Nossos únicos meios para descobrir a razão dessas experiências estão nas palavras dos próprios mestres zen, nas quais podemos apreender algo das descrições dos meios pelos quais elas chegaram até eles. Um bom exemplo vem de Hakuin, que descreve esse último estágio do exercício do *Koan* nestes termos: "Quando o discípulo compreende o *Koan*, percebe que atingiu o limite da sua tensão mental e é levado a uma pausa. Assim como o homem pendurado sobre um precipício, ele não sabe absolutamente o que fazer a seguir... Súbito, constata que sua mente e seu corpo foram varridos da existência, junto com o *Koan*. Isto é conhecido como 'largar o ponto de apoio'. Quando despertares do entorpecimento e reconquistares a respiração, é como beber água e saber que ela está fria. Sentirás uma alegria inexprimível". A frase importante nesta citação é "largar o ponto de apoio". Pois, se o *Koan* é aceito como um caminho para apresentar, em miniatura, o gigantesco *Koan* da vida, o grande dilema e problema no qual todos os seres estão envolvidos, mesmo que inconscientemente, então, da mesma forma que a própria vida, o *Koan* nunca poderá ser captado. Os mestres zen distinguiam entre duas espécies de frases (*chü*) – a morta e a viva. As frases mortas são as passíveis de análise lógica e de solução; as vivas são as que nunca poderão ser confinadas em qualquer sistema fixo de interpretação. Os *Koans* pertencem ao segundo tipo, pois partilham a ilusividade e a indefinibilidade da vida. Assim, quando o discípulo chega ao ponto final em que absolutamente não pode captar o *Koan*, chega também à compreensão de que a vida nunca poderá ser entendida em sua essência nem possuída ou paralisada à força. Portanto, ele "se solta", e esse desprendimento é a aceitação da vida tal como ela é, como algo que não pode ser propriedade de ninguém, que é sempre livre, espontâneo e ilimitado. O *Koan* é uma maneira de apresentar o problema central da vida de uma forma intensificada, pois o impasse final do *Koan*, da frase viva, aumenta o impasse a que chegam sempre os que tentam se agarrar a todas as coisas que têm vida, na sua ânsia de possuir e de submeter a elas sua própria vida. Todavia, eles nunca podem segurar sua própria vida; tudo o que eles têm é o seu cadáver, que, com o tempo, também se desagregará. Portanto, é dado ao discípulo zen algo que não pode ser morto por definição ou análise; ele tem de tentar captá-lo vivo e, no momento em que compreende, absoluta e finalmente, que a vida não pode ser captada, ele a solta, percebendo num átimo de segundo que tolo ele tem sido ao tentar retê-la como se fosse sua. Assim, nesse momento, ele alcança a liberdade do espírito, pois compreende o sofrimento inerente à tentativa humana de guardar o vento numa caixa, de manter viva a vida sem deixar que ela viva.

Há, naturalmente, vários graus de *Satori*. Para se obter o grau mais elevado é necessário trabalhar com muitos *Koans*. Afirma-se que existem 1.700 desses *Koans* e, embora dificilmente seja necessário que o discípulo solucione todos eles antes que sua compreensão do Zen seja completa, é extremamente raro que um só seja suficiente para alcançar o *Satori* final. Nos primeiros estágios da prática do Zen, o relâmpago da iluminação perdurará por poucos segundos apenas, mas, à medida que o tempo passa, ele se torna mais permanente, até que, por fim, o discípulo tem o *Satori* que varre qualquer sombra de incerteza e dúvida. Há certa semelhança entre o *Satori* e a "súbita conversão" do cristianismo. William James dá alguns notáveis exemplos no seu *Varieties of Religious Experience* (Variedades da experiência religiosa), e é interessante compará-los com os registros deixados pelos mestres zen. James dá um exemplo de um homem que estava tentando rezar e, toda vez que tentava invocar o nome de Deus, sentia que alguma coisa o chocava.

> Finalmente, algo me disse: "Esforça-te para continuar a reconciliação com Deus, pois morrerás se não o fizeres". Então envolvi-me numa luta final para invocar a misericórdia de Deus com a mesma sensação de impotência e de dúvida, determinado a finalizar as frases da prece por misericórdia, mesmo que morresse estrangulado, e a última coisa de que me lembro é de estar caindo ao solo com a mesma mão invisível segurando minha garganta... Quando recobrei os sentidos, o próprio céu parecia se abrir, derramando raios de luz e de glória. Não só por um momento, mas durante todo o dia e toda a noite, vagas de luz e de glória pareciam inundar minha alma. E como eu mudei e tudo se tornou novo! Meus cavalos e porcos e tudo o mais pareciam mudados.

James mostra que, em quase todos os casos, a súbita conversão é precedida por um sentimento agudo de desespero e depressão, algo semelhante ao impasse final do *Koan*. Ele nota que a teologia protestante, com sua ênfase no pecado original e na impotência do homem, presta-se especialmente a esse tipo de experiência. "No extremo da melancolia, o ego que existe conscientemente não pode fazer absolutamente nada. Está completamente falido, sem recursos, e nenhum esforço poderá ajudá-lo." A seguir, dá-se a completa entrega da alma a Deus, o que de certo modo se assemelha ao que Hakuin descreve como "Largar o ponto de apoio". Adolphe Monod, um protestante francês, falando da sua própria experiência de conversão, diz: "Renunciando, então, a todo merecimento, a toda força, abandonando todos os meus recursos materiais e não reconhecendo nenhum outro título à Sua misericórdia além da minha completa miséria... rezei como nunca havia rezado na minha vida". Muitos convertidos falam dos resultados da sua entrega total como de algo que lhes deu uma nova visão da vida, através da qual tudo se transforma e se enche da glória de Deus. Aqui é interessante comparar os registros dos mestres zen quanto aos efeitos que se seguem ao *Satori*. Hakuin disse: "É como beber água e saber que ela está fria. Sentirás uma alegria inexprimível". Enquanto outro mestre, já citado, é ainda mais enfático ao dizer: "Quando olhei em volta, para cima e para baixo, todo o universo... me pareceu completamente diferente; tudo o que antes era repulsivo... passou a ser visto como o simples fluir da minha natureza mais profunda, que em si mesma permanecia brilhante, verdadeira e transparente". Outro mestre assim se expressa num verso:

> Ó, esta rara ocorrência
> Pela qual eu ficaria satisfeito em pagar dez mil peças de ouro!
> Um chapéu está na minha cabeça, um fardo nas minhas costas;
> E no meu bastão sinto a brisa refrescante e a lua cheia!
> (*Trad.* Suzuki)

Vemos aqui que algo completamente novo tinha sido encontrado no rude chapelão do monge, no seu fardo de viajante, na brisa e na lua. Eis de novo a história do mestre Yao-shan:

> Num entardecer, ele galgou
> Direto até o pico solitário;

Revelada nas nuvens, ele viu a lua,
E que vigorosa gargalhada ele deu!

(*Trad.* Suzuki)

Mais uma vez lembramos P'ang-yün:

Quão maravilhosamente sobrenatural,
E quão miraculoso é isto:
Extraio água e levo combustível!

Voltando do Zen para o cristianismo, encontramos algo intimamente semelhante em outro registro citado por James:

> Eu implorava misericórdia e tive uma vívida percepção de perdão e de renovação da minha natureza. Quando me levantei, "as coisas velhas já haviam passado, e todas as coisas se tornaram novas". Era como se eu tivesse entrado num outro mundo, num novo estado de existência. Os objetos naturais eram glorificados, minha visão espiritual estava tão clara que eu via beleza em cada objeto material do universo, as matas cantavam uma música celestial.

Mas os mestres zen são mais sutis e reservados nas suas alusões à alegria da sua nova vida; por alguma razão, eles parecem não levar isso tão a sério como os místicos cristãos e só raramente falam do êxtase produzido ao alcançar esse tesouro inestimável. Eles descreverão muito vividamente o momento em que irrompeu o relâmpago da iluminação, que parece sacudir todo o universo; mas, quanto ao que se segue, eles apenas sugerem e falam em termos mais prosaicos. Assim, Chao-pien escreve do seguinte modo:

O súbito ruído do trovão; as portas da mente se escancaram, se abrem, e, então, lá está sentado o velho homem (a natureza búdica) em toda a sua simplicidade.

A seguir, referem-se à sua realização em termos das coisas mais comuns, pois seu objetivo é mostrar o Zen como algo perfeitamente natural, intimamente ligado à vida cotidiana, enquanto o Buda é "o velho homem em toda a sua simplicidade"; ele estava lá todo o tempo, pois o seu lar é a vida comum, mas ninguém o reconheceu!

Há uma famosa parábola zen que, de forma adequada, resume toda essa atitude particular diante da vida. Diz-se que para os que nada conhecem do Zen as montanhas não passam de montanhas, as árvores não passam de árvores, os homens não passam de homens. Após terem estudado por algum tempo o Zen, o vazio e a transitoriedade de todas as coisas são percebidos, e as montanhas não são mais montanhas, as árvores não são mais árvores, e os homens não são mais homens, pois, enquanto as pessoas ignorantes acreditam na realidade das coisas objetivas, os parcialmente iluminados veem que elas são apenas aparências, que não possuem uma realidade substancial e passam como nuvens sopradas pelo vento. Mas, conclui a parábola, para aquele que captou a plena compreensão do Zen, as montanhas são mais uma vez montanhas, as árvores são árvores, e os homens são homens.

Assim, embora as principais características do *Satori* e da conversão súbita sejam as mesmas, elas são abordadas e interpretadas de maneira diferente. Em primeiro lugar, diz-se que a conversão ocorre com pessoas essencialmente depravadas procede de um Deus exterior, ao passo que o *Satori* é a compreensão da nossa própria e mais íntima natureza. A conversão acontece quando algo vem de fora e transforma o mundo, enquanto o *Satori* nada mais é do que ver o mundo tal como ele realmente é, pois para o Zen o supernatural é natural, enquanto para o cristianismo é algo que não é inerente à natureza e que é trazido, em certas ocasiões, à natureza pela graça de Deus; os céus vêm até a terra e suplantam a natureza. Mas, no Zen, não há esse dualismo de céu e terra, de natural e supernatural, de homem e Deus, de material e espiritual, de mortal e imortal; entre o homem comum e os Budas, entre o *Samsara* e o Nirvana, entre o Avidya (a ignorância) e Bodhi (a iluminação). Tudo é a mesma coisa; é a nossa própria compreensão espiritual que faz a diferença, e

> A mente é o seu próprio lugar, e por si mesma
> Pode fazer do inferno um céu e do céu um inferno.

Portanto, a mente é a chave da vida, pois sob a ilusão ela cria confusão e, quando esclarecida, revela a natureza do Buda. Assim, no Zen, como em quase todas as religiões do Oriente, a tarefa essencial consiste em dominar a mente. Isto é alcançado primeiramente através do exercício do *Koan*, e para ajudar essa tarefa os mestres zen desenvolveram uma técnica de meditação chamada *Za-zen*, que permite que o discípulo relaxe o corpo, expulse os pensamentos errantes e preserve sua energia nervosa a fim de poder devotar toda a sua força ao *Koan*. Os elementos do *Za-zen* provavelmente foram derivados da yoga hindu, pois uma postura semelhante foi adotada e uma atenção cuidadosa é dedicada à respiração correta. Mas as finalidades da yoga e do *Za-zen* parecem ser muito diferentes, os mestres zen desencorajam as várias espécies de transe, que são consideradas tão importantes na psicologia da yoga. Eles apontam que, muito embora certos tipos de transe possam surgir, eles não constituem o objetivo do exercício. Eles declaram, pelo contrário, que a sabedoria nunca poderá ser encontrada buscando-se por esses estáticos e extramundanos estados de consciência, pois a mente chinesa requeria algo mais vital e prático. Isso não implica que o *Za-zen* é a forma correta, enquanto a yoga é a errada, mas que diferentes tipos de mentes encontrarão a iluminação de diferentes maneiras; o que pode ser correto para os hindus é errado para o chinês, porque os habitantes de climas frios ou temperados requererão algo mais forte do que os habitantes das regiões tropicais, onde a vida pode ser vivida com um mínimo de esforço.

A finalidade do *Za-zen* é simplesmente libertar a mente de ter de pensar sobre o corpo e reduzir todas as distrações para que toda a atenção possa ser dirigida a uma tarefa particular. Os períodos de tempo destinados à prática do *Za-zen* nos mosteiros zen (*Zendo*) são de um intenso trabalho com o *Koan*, muito embora os mestres aconselhem que o *Koan* seja mantido na mente durante todas as horas do dia, quaisquer que sejam a ocupação e as circunstâncias que nos envolvam. Mas temos de relembrar que o *Za-zen* e o *Koan* não são em si mesmos os objetivos da vida zen. Eles são uma forma de ginástica espiritual para ajudar na produção de certa experiência. Quando essa experiência é alcançada, os recursos usados para produzi-la podem ser postos de lado. Pois o objetivo do Zen não é o de nos retirarmos para sempre do mundo, em meditação solitária; esse retiro só é praticado como um meio de obter o conhecimento, que, para ter utilidade, tem de ser aplicado ao trabalho do Bodhisattva, que é o de levar a sabedoria para o mundo todo. Confundir esse objetivo com o sentar-se em *Za-zen* e com o trabalho com *Koans* é, uma vez mais, confundir o dedo com a lua que ele aponta, frustrando deste modo a finalidade desses exercícios. Como se afirma no comentário das *Gravuras da domação da Vaca*, "Quando sabes que o que necessitas não é o laço nem a rede, mas a lebre e o peixe, isso é como o ouro separado da escória, ou como a lua ao surgir por trás das nuvens".

IV

A VIDA NUMA COMUNIDADE ZEN

A primeira ação do Buda depois da iluminação foi fundar a sua ordem (Sangha) congregando os mendicantes sem casa – sábios peregrinos que tinham sacrificado tudo para aprender e difundir a lei, esmolando a própria subsistência junto àqueles a quem tinham pregado e vivendo com grande simplicidade sem outras posses além "de um manto, uma tigela, na sombra de uma árvore ou rocha". Originalmente, esses monges não eram ascetas que se mortificavam como penitência. Eles não consideravam a simplicidade como um fim em si mesmo, mas como um simples meio de se aliviarem de todos os empecilhos a fim de que suas energias pudessem ser dirigidas para a importante tarefa de encontrar a iluminação para si mesmos e para os outros. Logo após a morte do Buda, esses mendicantes sem lar começaram a se reunir em comunidades monásticas, e, à medida que os anos passavam, seu número cresceu rapidamente. Comunidades (*viharas*) principiaram a brotar por toda a Índia, difundindo-se até o Ceilão, o Tibete e a China; atualmente, os membros da Sangha podem ser encontrados em toda a Ásia Oriental, nas ilhas do Havaí e até mesmo na América do Norte, vestidos com os seus conhecidos mantos amarelos e levando a tigela de esmolas de casa em casa.

Desnecessário é dizer que o budismo não está isento dos males da vida monástica. O ideal original do monge (*Bhikku*) era muito elevado. Sua função social era o importante trabalho de agir como "guia, filósofo e amigo" da comunidade, recebendo em troca donativos de alimentos. Como os princípios do budismo inculcam a maior reverência por todas as coisas do universo, o monge era cuidadoso ao usar o que quer que lhe dessem, a fim de que nada fosse desperdiçado. Suas roupas eram usadas até se tornarem farrapos, e, mesmo quando chegavam a esse estado, alguma utilidade era encontrada para elas, que eram usadas como panos para a limpeza das *viharas*. Todas as coisas tinham um valor, e nada devia ser desprezado nem jogado fora se ainda pudesse ser usado. Mas para uma instituição que se mantém pela esmola reter sua pureza original seus membros têm de ser pessoas altamente desenvolvidas; e como existem poucas dessas pessoas entre os monges budistas, eles tendiam a ser preguiçosos e degenerados, vivendo como parasitas, aproveitando-se das superstições do povo ignorante. Os mosteiros enriqueceram com os donativos dos príncipes e mercadores, até que a casa do monge "sob uma árvore ou uma rocha" se tornou, em muitos lugares, um palácio amplo e ricamente adornado. Os mantos em farrapos transformaram-se em ricos mantos de seda, enquanto os superiores dos mosteiros assumiram toda a dignidade e mesmo todo o poder das autoridades civis. Esses desenvolvimentos não deixaram de ter características redentoras, pois a crescente riqueza das comunidades monásticas permitiu que seus membros produzissem magníficos trabalhos de arte para os quais as imagens e o simbolismo do budismo se prestavam com toda a facilidade.

No século VI da nossa era, os mosteiros budistas da China tinham alcançado um elevado estágio de desenvolvimento; os registros dizem que havia comunidades com mais de mil monges, de certa forma semelhantes aos enormes mosteiros encontrados no Tibete e na Mongólia da época atual. Muitos deles eram verdadeiras cidades. Desde o princípio, os patriarcas zen reuniam à sua volta essas comunidades e, assim como o Zen dava uma nova vida aos ensinamentos do budismo, assim também dava uma nova vida às instituições monásticas. A evolução da comunidade zen, como existe hoje, deve ser considerada a partir da época do mestre Pai-chang (em japonês, *Hyakujo*), que morreu no ano 814. Pai-chang reconhecia a necessidade do estabelecimento de instituições monásticas de uma espécie diferente das até então existentes, pois as comunidades da época tinham se tornado contemplativas e extraterrenas, e era essencial para a vida zen que ela estivesse em íntimo contato com os trabalhos ordinários do mundo. Se a sociedade tivesse de ser amparada ao aplicar o budismo à sua vida diária, pouco se poderia alcançar quando os instrutores reconhecidos do budismo fossem removidos dessa vida. Devido a isso, Pai-chang traçou um conjunto de regras e preceitos para uma comunidade caracteristicamente zen, e seu trabalho, conhecido como *Pai-chang Ching-Kuei*, formou as bases da vida monástica do budismo zen daí em diante.

Pai-chang viu imediatamente que, para que a vida monástica pudesse conservar sua vitalidade, era essencial que os monges não vivessem apenas de esmolas. Assim, o princípio do seu regulamento era que "um dia sem trabalho é um dia sem comida"; por essa razão, quase toda a comunidade zen está ligada a uma fazenda de cultivo de arroz e de outros vegetais para as necessidades da irmandade. Ele insistia que cada membro da comunidade tinha de executar alguma espécie de trabalho, pois o Zen nada encontra de degradante nem mesmo nos mais humildes tipos de trabalho manual; portanto, aos recém-chegados ao mosteiro, como uma regra, eram confiados trabalhos mais leves e atraentes do que aos monges de postos mais elevados. Cada instituição, tanto quanto possível, é autossuficiente e governada democraticamente. Tem seus cozinheiros, sua equipe de secretaria, seus administradores, supervisores, construtores, artífices e coveiros. Apesar de o mestre ligado a cada mosteiro não ter um papel particular a desempenhar no governo e na administração da comunidade, ele partilha com os seus membros todos os trabalhos comuns necessários para a sua manutenção.

A vida da comunidade gira em torno do salão de meditação (*Semmon Dojo*) – um grande edifício retangular que varia de tamanho de acordo com o número de monges – e é lá que os residentes praticam o seu *Za-zen*, guardando suas poucas posses e dormindo durante a noite. Além disso, há o salão de refeições, a cozinha, os lavatórios, a enfermaria, os quartos privativos do mestre, o jardim e, frequentemente, bosques e campos, além de um certo número de escritórios especiais e quartos de hóspedes. O Professor Suzuki publicou um trabalho intitulado *The Training of the Zen Buddhist Monk* (O treinamento do monge budista zen), que é ilustrado por uma notável série de desenhos de Zenchu Sato, integrante de uma grande comunidade de Kamakura. Esses desenhos não pretendem ter nenhum valor artístico, mas dão uma impressão muito definida do "*esprit de corps*" de um mosteiro zen; neles, uma das coisas mais notadas é a felicidade e a jovialidade dos monges quando se dedicam às suas diversas atividades. Quer estejam rachando lenha, cozinhando suas refeições ou lavando roupas, suas faces são risonhas e há sinais óbvios de grande atividade. De fato, a diligência dos monges zen tornou-se proverbial, e, no Japão, quando se diz que a casa de alguém é como um mosteiro zen, isso significa que ela está escrupulosamente limpa e bem cuidada. Para precaver-se contra os perigos da libertinagem, a vida é regulada de acordo com uma disciplina rígida; todas as funções importantes são executadas com precisão e regularidade, de tal maneira que mais parecem cerimônias. A perda de tempo e de material é reduzida a um mínimo, e as posses dos monges são tão poucas que podem transformar-se num travesseiro para dormir à noite. Mas isso não é devido ao fato de o ideal do Zen ser o ascetismo; o Zen não é mais ascetismo do que qualquer outra *forma* de vida, pois o Zen é uma atitude diante da vida e, como tal, crê no uso da quantidade correta de tempo, de energia e de material necessários para alcançar um dado objetivo – nem mais nem menos.

Enquanto alguns dos mosteiros zen no Japão guardam verdadeiros tesouros de trabalhos de arte chinesa e japonesa – pintura, cerâmica, bronzes, laca e madeira esculpida –, esses objetos não são exibidos com a mesma profusão encontrada nos templos de outras seitas. A decoração de um mosteiro zen é, via de regra, executada com o mesmo espírito de economia que prevalece na disciplina e no cerimonial. A finalidade é que cada trabalho de arte seja plenamente apreciado, o que se torna impossível se muitos deles forem mostrados ao mesmo tempo. Assim, a atmosfera predominante num mosteiro zen é de extrema simplicidade, destacada aqui e ali por objetos de grande beleza, cuidadosamente selecionados; mas essa simplicidade não deve ser tomada como uma mera ausência de adornos. O Zen influenciou tanto a arquitetura e a decoração que a própria estrutura dos quartos é muito bela em si mesma, independentemente de qualquer ornamentação adicional. Assim, a sutileza das cortinas corrediças de papel tingido (*shoji*) que formam as paredes do quarto japonês, as molduras de madeira onde elas são esticadas, o suave amarelo das esteiras de palha de arroz (*tatami*) no chão, e as longas e baixas linhas expansivas dos edifícios têm uma indefinível tranquila beleza própria, mesmo que sejam feitas do material mais simples e banal. O salão de meditação é um quarto com essas características; seu único objeto de adorno é o sacrário do Buda (*Butsudan*), localizado no centro do salão, talvez com um pequeno arranjo floral diante dele. O salão é longo e estreito, fechado dos lados com um simples *shoji* de cor cinza desbotado, que oculta as entradas para os jardins ou pátios e os armários onde os monges guardam a roupa de cama. Paralelamente às paredes, de ambos os lados do salão, ficam plataformas baixas onde os monges praticam o *Za-zen* e dormem. No momento da meditação, eles chegam em procissão até o salão e tomam os seus lugares nas plataformas, olhando para o centro do salão. O monge dirigente caminha na frente e se prostra diante do santuário, enquanto lá fora outro monge convoca algum membro da comunidade que esteja atrasado, batendo num gongo plano de madeira que contém a inscrição:

> O nascer e o morrer são um grave evento;
> Como é transitória a vida!
> Cada minuto tem de ser aproveitado,
> O tempo não espera por ninguém.

O monge dirigente acende então uma varinha de incenso para marcar o tempo, e, quando retorna ao seu assento, o *Za-zen* principia. Nesse ponto, dois outros monges levantam-se de seus assentos e aproximam-se do santuário, reverenciando-se mutuamente e à figura do Buda; cada um carrega uma espátula longa de madeira (*keisaku*), e, após mais uma reverência, eles separam-se e vão para os lados opostos do salão. Então, começam a andar para frente e para trás diante das duas fileiras de monges em meditação, dirigindo um cuidadoso olhar para quem mostre sinais de sonolência. Primeiro, eles andam depressa, mas depois de certo tempo diminuem o passo, pisando mais e mais levemente, até que se movem como sombras. Subitamente, um deles para diante de um monge que parece estar adormecido, dando-lhe algumas batidas rápidas nos ombros com seu *keisaku*, trazendo-o de volta à plena consciência. Após certo tempo, retornam aos seus lugares, e a meditação continua até que a varinha de incenso tenha sido consumida, quando então o monge dirigente faz soar um sino e bate dois pedaços de madeira um no outro. Esse é o sinal para o relaxamento e o exercício; logo a seguir, o *shoji* é corrido para deixar entrar o ar. Então, formando uma coluna, os monges começam a marchar rápida e tranquilamente em volta do salão, aumentando a velocidade pouco a pouco, e, quando outro bastão de incenso é totalmente queimado, o monge dirigente faz soar novamente as peças de madeira. Reanimados pelo exercício, os monges retornam à meditação, e esses períodos de *Za-zen* e de exercícios continuam por três horas até que é servida a principal refeição do dia, o que acontece às dez da manhã.

Cada monge guarda sua pequena tigela numa caixa de madeira envolvida num guardanapo. No momento da refeição, ele a retira da caixa no salão e vai para o refeitório, onde longas mesas de madeira, com trinta centímetros de altura, já foram preparadas. O monge zen faz três refeições por dia: ao despertar, um pouco depois das quatro horas da manhã; a refeição principal, às dez; e o que é conhecido como "comida medicinal", às cinco da tarde. Os membros da Sangha não devem comer depois do meio-dia, mas quando as condições climáticas não o permitem, a refeição da tarde é chamada de "medicinal" e é feita do que restou da refeição das dez horas. Nos mosteiros zen, as refeições obedecem a um cerimonial especial que principia com a recitação de um sutra curto, seguido das "cinco meditações ao comer":[7]

> Primeiro, reflitamos sobre o nosso próprio trabalho, vejamos de onde vem esta comida que nos é oferecida;
> Em segundo lugar, reflitamos sobre como é imperfeita a nossa virtude, e se merecemos este oferecimento;
> Em terceiro lugar, reflitamos que o mais essencial é manter o controle da mente e estarmos desligados das várias faltas;
> Em quarto lugar, lembremo-nos do fato de que esta comida é medicinal e é ingerida a fim de manter saudável o nosso corpo;

---

[7]. As ideias expressas nesta e em outras "recitações" citadas não são peculiares do Zen. Foram adotadas pelos monges zen como parte do cerimonial habitual usado nos mosteiros budistas do Extremo Oriente. (N.A.)

E, por último, no intuito de realizar a tarefa da iluminação, nós aceitamos este alimento.

(*Trad.* Suzuki)

Quando essa recitação termina, dois monges se aproximam com uma grande tigela de madeira cheia de arroz, que passam a servir ao grupo, seguido por outro monge que traz legumes cozidos. Um outro serve chá. Quando todos tiverem terminado de comer, cada um deixa uma pequena porção da refeição na beira da mesa de madeira como oferenda aos espíritos invisíveis, dizendo:

Ó vós que estais nos mundos espirituais.
Eu agora vos ofereço isto;
Que esta comida encha os dez quarteirões
E que todos os espíritos se satisfaçam com ela.

(*Trad.* Suzuki)

Após esses oferecimentos, os restos são levados para fora a fim de alimentar os pássaros. À medida que comem, os monges continuam a meditar nos princípios do budismo:

O primeiro pedaço é para destruir todos os males;
O segundo, para praticar todas as boas ações;
O terceiro, para salvar todos os seres sensíveis.
Possamos todos alcançar a senda do Budado.

A refeição continua em silêncio, enquanto os atendentes servem uma segunda vez aos que cruzam os braços diante deles para significar que querem mais; os que já estão satisfeitos simplesmente esfregam as mãos à medida que o atendente passa. Nem uma partícula de alimento é deixada nas tigelas, que são lavadas com o chá que é bebido no final das refeições. São então enxugadas com o guardanapo e colocadas de volta em sua caixa, acompanhadas da seguinte recitação:

> Tendo terminado a refeição, a força do meu corpo foi plenamente restaurada;
> Meu poder se estende sobre os dez quarteirões e através dos três períodos de tempo, e eu sou um homem forte;
> Quanto a reverter à roda de causa e efeito, nenhum pensamento deve ser desperdiçado com isso.
> Possam todos os seres alcançar poderes miraculosos!
> (*Trad.* Suzuki)

Ou, alternativamente:

> Assim como os céus são ilimitados, assim seja a minha compaixão com todos os seres sensíveis.
> A mente libertada deve ser livre e não se apegar às coisas terrenas.
> Como as flores do lótus são puras e lindas, elevando-se da lama, assim seja a minha meditação, mesmo que eu viva neste mundo de ilusões.
> Com a mente assim purificada, ofereço minha homenagem ao Buda, ao Ser Iluminado.

Duas vezes por semana, o mestre do mosteiro entrevista os monges para verificar como estão progredindo com seus *Koans* e para dar-lhes instrução pessoal. O comparecimento a essas entrevistas, conhecidas como *San-zen*, é voluntário. A maior parte dos ensinamentos sobre o Zen consiste em registros dessas entrevistas, várias das quais já foram citadas. O monge é conduzido ao quarto do mestre com a devida observância das convenções monásticas; há muita reverência e bater de sinos, mas, tão logo a entrevista começa, as convenções são postas de lado. Assim, o mestre pode começar a perguntar ao monge sobre o *Koan* em que ele está trabalhando. Shih-kung, por exemplo, perguntou:

– Podes captar o espaço vazio?

– Posso – replicou o monge.

– Mostre-me como.

O monge fez um movimento de pegar o ar com a mão, mas Shih-kung exclamou:

– É assim? Mas afinal não seguraste nada.

Então o monge perguntou:

– Como o fazes?

Imediatamente, Shih-kung segurou o nariz do monge e deu um forte puxão, berrando:

– É assim que se segura o espaço vazio!

Ou pode ser que o monge abra a entrevista fazendo uma pergunta ao mestre, como por exemplo:

– O que dizes quando eu chego a ti sem nada?

– Jogue-o no chão.

– Eu disse que nada tinha, como posso, então, jogá-lo?

– Então, leve-o daqui.

Mesmo diante de tudo isso, se sustentarmos que o conceito do Zen é não possuir nada, estaremos perdendo de vista a verdade.

O fato de Shih-kung ter puxado o nariz do discípulo representa uma forma inusitada de comportamento nessas entrevistas, mas isso não é nem loucura nem brutalidade. Assim como é impossível dar uma explicação *racional* sobre isso, o seu sentido é demonstrar o Zen por meio de uma ação muito positiva, mostrando que o Zen é de fato a realidade vivente. Meras palavras obscuras ou movimentos estranhos podem ser interpretados como simbolismo, mas sobre um tapa na face não pode haver engano; eis aí algo completamente vivo, tão rápido que não pode ser capturado, tão enfático que não se pode "filosofar" a seu respeito. As palavras podem ser escritas; podemos imaginar que contenham a verdade, mas um tapa é um tapa: uma vez dado não pode ser analisado nem usado como meio para tentar confinar a verdade a uma fórmula permanente. Assim, quando alguém diz: "O Zen é ver dentro da nossa própria natureza", aqui está algo que podemos reter para expressar a verdade do Zen, mas que todavia faz com que o percamos totalmente. Mas quando o mestre nos dá uma bofetada não há forma possível de aferrar-se a ela, e por essa razão ele expressou a verdade do Zen.

Algumas vezes o mestre do mosteiro dará uma espécie mais formal de instrução do que o San-zen. É o *teisho* – um discurso sobre o significado interior de textos de um livro zen, ocasião em que o mestre se dirige a toda a comunidade reunida. Esses discursos usualmente são proferidos na época do ano em que o *Za-zen* é mais frequentemente praticado do que de costume; o que quer dizer, durante as semanas nas quais algum fato importante da vida do Buda está sendo comemorado. Esses períodos são conhecidos como *Sesshin*, e os monges levantam-se às duas horas da manhã em vez de às quatro, permanecendo quase todo o dia no salão de meditação. O San-zen é realizado com mais frequência, e menos tempo é dedicado ao trabalho rotineiro do mosteiro, que usualmente ocupa a maior parte do dia. A apresentação de um *teisho* é acompanhada com muitas cerimônias e recitação de sutras. Os monges vestem um manto especial e vão para o salão de conferências numa procissão solene; o mestre chega logo depois, acompanhado por dois atendentes e, tendo reverenciado o Buda como um sinal da sua obediência, toma assento numa cadeira alta, diante da qual foi colocada uma mesa para leitura. Então ele pode ler uma passagem dos escritos zen, parando para explicar vários pontos, ou pode fazer um "sermão" zen. Se ocorrer esse último, coisas inusitadas podem acontecer. Certo dia, o mestre tinha acabado de tomar seu lugar quando lá fora um pássaro começou a cantar. O mestre nada disse, e todos se puseram a ouvir o canto do pássaro. Quando o canto parou, o mestre anunciou simplesmente que o sermão já havia sido proferido e foi embora. Em outra ocasião, o mestre esticou os braços e permaneceu em silêncio. Estava a ponto de deixar a sala quando um dos monges lhe perguntou por que ele nada tinha dito, ao que ele respondeu: "As escrituras são expostas pelos mestres que as ensinam, e os comentários, pelos comentaristas. Por que ficaste admirado com a minha posição? Não sou, por acaso, um mestre do Zen?". O mestre I-tuan disse certa vez para os monges reunidos: "Falar é blasfêmia; permanecer em silêncio é engano. Além do silêncio e da fala, há uma passagem superior, mas a minha boca não é suficientemente grande para poder apontá-la para vocês". Assim dizendo, deixou a sala. Algumas vezes, os monges vão à frente e fazem perguntas, ou então o mestre faz uma pergunta a um deles para que demonstre a sua compreensão do Zen. O mestre Shou-shan começava seu discurso mostrando um bastão e perguntando: "Se chamares a isto de bastão, terás feito uma afirmação; se disseres que não é um bastão, farás uma negação. Agora, se não afirmares nem negares, como o chamarás? Diga! Diga!". Então um monge saiu da assembleia, segurou o bastão e quebrou-o em dois pedaços, perguntando: "O que é isto?". Todas essas frases estranhas têm de ser tratadas da mesma maneira que um *Koan*; algumas vezes contêm um obscuro simbolismo ou referências às expressões usadas por outros mestres, que só podem ser compreendidas por estudantes conhecedores da literatura zen. Entretanto, estas não são dificuldades superficiais. Uma análise intelectual pode revelar uma fração do seu significado, mas fundamentalmente são como lisas bolas de aço. Quanto mais violentamente a espada do intelecto bate nelas, mais elas saltam.

Na conclusão do discurso do mestre, os monges recitam os "quatro grandes votos" antes de retornarem à sala de meditação:

> Mesmo que sejam inumeráveis os seres sensíveis, prometo salvá-los;
> Mesmo que sejam inexauríveis as paixões, prometo extingui-las;
> Mesmo que sejam imensuráveis os *Dharmas*, prometo estudá-los;
> Mesmo que seja incomparável a verdade do Buda, prometo alcançá-la.
>
> (*Trad.* Suzuki)

Além dessas atividades cerimoniais e religiosas específicas aqui descritas, a vida do monge zen é dedicada principalmente à manutenção do mosteiro. Mas no Zen essa atividade também pode ser chamada de especificamente religiosa, pois do ponto de vista da natureza búdica nenhuma atividade é mais religiosa ou sagrada do que a outra. Portanto, o Zen descobre a religião nas atividades diárias, dando particular ênfase a essa descoberta, pois a regra geral é os homens buscarem a religião separada da vida diária comum. Para dizê-lo com as palavras de George Herbert:

> Todos devem participar de Ti;
>   Nada pode ser tão sujo
> Que, ao ser feito "em Teu nome",
>   Não fique limpo e brilhante.
> Um servo, pronunciando essas palavras,
>   Faz do trabalho monótono algo divino.
> Quem varre um quarto respeitando Tuas leis
>   Torna maravilhosas as Tuas leis
>   e o próprio trabalho.

Isto é o Zen puro, a menos que os budistas digam que trabalham não em nome de Deus e, sim, para que todos os seres alcancem a iluminação. Contudo, dificilmente há muita diferença entre os dois, pois os seres sensíveis são dotados essencialmente da natureza búdica e, se os servirmos, estamos servindo ao mais alto princípio do universo, trabalhando em harmonia com a suprema lei da vida, que é a de que todos os seres são potencialmente budas e que em algum momento eles podem atingir esse elevado estágio. Jesus também disse que no último dia Deus há de dizer a seus filhos: "Mesmo que tenhas feito algo para o mais ínfimo dos meus irmãos, a *Mim o fizeste*".

Na literatura zen, há inúmeras referências sobre a descoberta da iluminação no trabalho rotineiro da vida. Tai-an perguntou a Pai-chang:

– Tenho procurado o Buda, mas ainda não sei como continuar com a minha busca.

Pai-chang replicou:

– Isso é muito parecido com procurar um boi quando estás montado num.

– O que deve o homem fazer quando sabe disso?
– É como ir para casa no lombo de um boi.
– Pode me iluminar um pouco mais quanto ao cuidado que se deve ter para penetrar profundamente em todo o assunto?
– É como um pastor, guardador de vacas – disse Pai-chang –, que olha para o seu rebanho e que, ao usar o seu bastão, impede que ele invada a pastagem do vizinho.

Quando o mestre Chao-chou estava varrendo um dos quartos do seu mosteiro, um discípulo lhe perguntou:
– O senhor é um grande mestre zen livre de toda a poeira dos maus pensamentos; por que então esse frenético varrer?

Imediatamente o mestre respondeu:
– A poeira vem de fora!

Certo dia, o mestre aproximou-se do zelador do depósito de grãos do mosteiro, enquanto ele estava peneirando o arroz. O mestre disse:
– Não deixes esparramar os grãos, pois eles vieram dos nossos bondosos doadores.
– Não, mestre, eu não os esparramarei.

O mestre viu então um grãozinho de arroz no chão e, pegando-o, perguntou:
– Disseste que não esparramas os grãos, de onde, então, vem este aqui?

O zelador nada disse, e o mestre tornou a falar:
– Seja cuidadoso e não pense com desprezo neste grão, pois centenas de milhares nascerão dele.

Para concluir, deve ficar claro que nem todo monge zen deseja permanecer para sempre no mosteiro. Tendo sido qualificado como mestre, ele pode ou não tomar conta de outra comunidade; em muitos casos, retornará à vida comum do mundo ou se transformará num instrutor peregrino, viajando de lugar a lugar e auxiliando os que encontra no caminho. Pois o ideal do Bodhisattva não é permanecer à parte do mundo; seu ideal é permanecer nele, embora não pertença a ele; é ser uma força anônima trabalhando pela iluminação da sociedade humana. Se sofre algum tipo de solidão, ela advém de sua grande sabedoria. Ele não pode se isolar dos outros seres, pois em cada criatura ele vê os outros seres. Portanto, se existem algumas barreiras, elas surgem porque os outros as erigiram contra ele, por sentirem medo de sua sabedoria ou por indiferença. Não se trata do isolamento egoísta do eremita que tenta conquistar a liberdade espiritual mediante a liberdade física, pois o Bodhisattva sabe que as duas são interdependentes. Um homem pode ser livre para viajar por onde quiser, mas não há lugar na terra onde ele possa escapar do seu próprio *Karma* e, mesmo que viva numa montanha ou numa cidade, pode ainda ser vítima de uma mente descontrolada. O *Karma* do homem o acompanha como a sua própria sombra. Na verdade, o *Karma* é a sua sombra, pois já foi dito que "O homem está envolto na sua própria sombra e se admira por estar tudo escuro".

V

O ZEN E A CIVILIZAÇÃO DO EXTREMO ORIENTE

O teste definitivo de qualquer religião é o efeito que ela produz na vida dos seus seguidores, pois "por seus frutos os conhecereis". Existe, entretanto, uma tendência para julgar esses efeitos de forma diferente no Ocidente e no Oriente. Os europeus julgam o valor de uma religião pelo sucesso alcançado no sentido de trazer harmonia à sociedade como um todo, pela extensão com que melhora a condição social das massas e por sua capacidade de atingir "homens de todas as classes e condições" e de ser entendida por eles. Mas as religiões asiáticas não foram originalmente previstas para serem "religiões de massa"; e, onde elas chegaram a sê-lo, transformaram-se em algo completamente diferente das formas como foram ensinadas pela primeira vez, pois o Leste considera a sabedoria não como alguma coisa que pode ser dada indiscriminadamente a todos, mas como um direito conquistado pelos poucos que se mostrarem capazes de compreendê-la e aplicá-la na forma correta. No Ocidente temos a expressão que diz que "Conhecer é Poder"; no entanto, sofremos muito para transmitir esse poder a todas as pessoas, sem levar na devida consideração sua capacidade para recebê-lo. Assim, quaisquer benefícios que possam advir de uma ampla distribuição do conhecimento são contrabalançados pelos terríveis abusos do conhecimento que estão na raiz de quase todos os grandes problemas da civilização moderna. Ninguém sonharia em permitir que uma criança brincasse com as chaves de uma usina elétrica; todavia, a sabedoria do Ocidente, que é a ciência, pode tornar-se propriedade de qualquer um, quaisquer que sejam os motivos que o levem a desejar possuí-la. Talvez o Oeste agora comece a se lamentar da liberalidade com que seus sábios prodigam seus conhecimentos, pois no último meio século vimos a ciência explorada com toda espécie de finalidades destrutivas, imorais e antissociais. Ao mesmo tempo, o Ocidente possui hospitais, higiene sanitária e outras bênçãos materiais que são de todo novas para o Oriente, mas teve que pagar muito caro por elas quando a aguçada espada de dois gumes do conhecimento começou a cortar em outra direção.

A sabedoria do Oriente não é ciência física, mas uma ciência psíquica e espiritual, e, se os resultados do abuso da ciência física são bastante maléficos, o abuso da ciência psíquica e espiritual é imensamente pior, pois destrói muito mais os corpos dos homens. Felizmente, os sábios do Oriente têm escolhido cuidadosamente seus discípulos, ocultando seus conhecimentos mais profundos com mitos e símbolos que só são compreendidos pelos que eles julgam capacitados a conhecê-los. Daí a acusação que os ocidentais lhes fazem de zelo excessivo e de egoísmo ao ocultar das massas a sua sabedoria, receosos de que sua supremacia seja diminuída se todo mundo chegasse a descobrir os seus segredos. Mas não é assim; a razão do seu segredo é que eles têm um enorme respeito e reverência pela sabedoria, o que não é usual no Ocidente. Enquanto difundimos nossa "sabedoria" por todas as partes como se fosse algo barato, eles a consideram como o mais precioso de todos os tesouros. A fim de obtê-la, o homem tem de sacrificar tudo o que possui; tem de estar disposto a ir até o limite para mostrar que realmente deseja aprender e fazer bom uso desse conhecimento; em resumo, tem de provar que valoriza a sabedoria acima de todas as outras coisas, que a considera como uma verdade sagrada que nunca deverá ser usada para fins inconfessáveis. Foi por essa razão que Shang-kwang decepou seu braço depois de ter esperado uma semana na neve até que Bodhidharma se dignasse recebê-lo.

Todavia, o que acabamos de expor de forma alguma conflita com o que foi mencionado acerca de a verdade do Zen ser revelada na vida diária, ou com o fato de que é perfeitamente receptível para os que têm olhos para ver. Pois o grande tesouro que não pode ser obtido a não ser com enorme sacrifício não é a verdade; esta pode ser encontrada em todas as partes – em todas as pessoas e em cada coisa, seja a sua presença percebida por nós ou não; ela é tanto propriedade dos sábios como dos tolos e lunáticos, pois a natureza do Buda é algo comum a todos. O tesouro raro é a capacidade de ver a verdade. Assim, como todas as outras religiões orientais na sua mais alta expressão, o Zen é para poucos, embora difira de outras formas de budismo, do hinduísmo e do taoísmo, pois nunca teve uma forma popular ou exotérica. Portanto, os efeitos imediatos do Zen sobre a civilização do Extremo Oriente não devem ser procurados na vida das massas, exceto quando esta tiver sido afetada por legisladores e administradores que tenham entrado em contato com os mestres zen. Os efeitos do Zen serão encontrados na vida e no trabalho de certos indivíduos e de vários pequenos grupos de pessoas, assim como os samurais ou a classe guerreira do Japão feudal. No Oriente, a eficácia de uma religião é julgada pelo seu êxito na produção de um número comparativamente pequeno de homens completamente ilustrados, pois acredita-se não ser possível alterar fundamentalmente as vidas de um vasto número de pessoas dentro do espaço de mil anos. Grandes mudanças sociais não são esperadas; as religiões do Oriente estão mais preocupadas com a iluminação de alguns indivíduos do que com a da sociedade como um todo, porque a sociedade é feita de indivíduos, e só se tornará iluminada quando, após milhares de anos, mais e mais indivíduos provarem sua capacidade para receber o conhecimento mais elevado; até que esses poucos escolhidos se convertam na comunidade total.

Na história do Extremo Oriente, os frutos do Zen são as várias centenas de personalidades de tão notável grandeza que por si só podem testemunhar o valor do Zen; conquistas artísticas que não podem ser comparadas a nada produzido em qualquer outra época ou lugar do mundo, uma certa forma de cavalheirismo e técnica militar insuperáveis, e um sólido alicerce de experiência para futuros trabalhos numa escala muito maior. Com certeza, é particularmente difícil dar uma descrição exata das características dos grandes mestres e devotos zen, pois sua grandeza residia menos no que diziam ou faziam do que no que eram e na impressão que provocavam naqueles que se punham em contato com eles. Enquanto muitos deles foram soberbos artistas ou guerreiros de incrível coragem, suas qualidades essenciais eram como o próprio Zen, inconfundíveis mas completamente indefiníveis. Temos de formar nossas próprias impressões a respeito deles, apelando para os relatos sobre sua maneira de ensinar e para as gravuras deixadas por artistas profundamente imbuídos do espírito do Zen. Quanto aos relatos de seus ensinamentos, muitos deles já foram citados; em todos eles há algo de espontâneo, de força e de ausência de vacilação. Eles não desperdiçam palavras, todas as formas de pedantismo são evitadas, e, ao responder às perguntas, nunca fogem do verdadeiro assunto mediante um discurso abstrato, mas dizem algo que vai direto ao coração do interlocutor, tocando-o pessoalmente de uma forma que pode ser incompreensível para as outras pessoas. Tão aguda é sua intuição sobre o estado de ânimo de outra pessoa que eles nunca são enganados pelos que tentam enganá-los lançando mão de um conhecimento Zen de segunda mão. O mestre Chu-hung estava certa vez escrevendo um livro a respeito das dez ações louváveis de um monge, quando um desses pretensiosos perguntou:

– Qual é a atitude de escrever esse livro, quando no Zen não há sequer um átomo de uma coisa que possa ser chamada de louvável ou não?

– Os cinco agregados que compõem a personalidade estão emaranhados – respondeu o mestre –, e os quatro elementos tornam-se desenfreados. Como, então, dizes que não há males?

– Os quatro elementos – replicou o outro –, do ponto de vista definitivo, estão todos vazios, e os cinco agregados não possuem qualquer realidade.

Ao fazer essa observação, recebeu um tapa no rosto, com a repreensão:

– Muitos são simplesmente ilustrados; não és ainda a coisa real. Dê-me outra resposta.

O monge estava furioso, e se preparava para sair sem responder, quando o mestre, sorrindo, lhe perguntou:

– Então, por que não limpas a sujeira do teu rosto?

Há um tríptico notável, feito pelo pintor japonês Jasoku, mostrando Bodhidharma, Lin-chi e Te-shan – três dos maiores expoentes do Zen. O retrato de Bodhidharma mostra apenas sua cabeça e seus ombros. Um manto solto lhe cobre a cabeça e cai sobre os ombros, revelando apenas a face e o busto. As linhas soltas do manto contrastam fortemente com suas feições firmes, com as sobrancelhas proeminentes, com um áspero bigode que vai desde a base do nariz aquilino até as extremidades da sua grande mandíbula quadrada, cercada de uma barba curta e emaranhada. Mas toda a força do quadro está concentrada nos olhos. Eles olham ligeiramente para cima e para o lado, com as pálpebras bem abertas e com firme e penetrante olhar que parece estar observando atentamente algo que está justamente acima da cabeça do observador. Bodhidharma às vezes é chamado de o "Bárbaro barbado", mas, apesar do seu enorme bigode, das revoltas sobrancelhas e da barba maltratada, há algo no quadro de Jasoku que é essencialmente aristocrático. Aqui não temos um budismo sonhador, contemplativo. O artista fez com que Bodhidharma personificasse a dinâmica e positiva espontaneidade da vida. O mesmo se pode dizer com relação ao retrato de Lin-chi. Aqui o mestre é mostrado sentado na postura de meditação, com as mãos repousando no regaço, e, debaixo de uma testa alta e lisa, os mesmos olhos penetrantes e poderosos nos observam. Todavia, a despeito desse aspecto quase feroz, o quadro dá uma inquestionável impressão de profunda calma e suavidade, pois os caracteres de todos os mestres zen mostravam este paradoxo: a inamovível equanimidade e ilimitada compaixão do Bodhisattva, combinadas com a vitalidade brilhante e implacável do raio. Esse paradoxo reflete-se em outras formas, e no Japão encontramos os seguidores do Zen que abraçam as duas partes aparentemente incompatíveis do poeta e do soldado: o idealista superior e o realista inflexível. Quando o mestre So-gen estava a ponto de ser decapitado por um bando de desordeiros, sentou-se tranquilamente e escreveu o seguinte verso:

> O céu e a terra não me oferecem abrigo;
> Estou satisfeito, pois irreais são o corpo e a alma.
> Bem-vinda a tua arma, ó guerreiro de Yuen! Teu aço confiável,
> Que brilha relampejando e corta o vento da primavera, eu já o sinto.
>
> (*Trad.* Nukariya)

Assim também se expressou o grande mestre da esgrima Miyamoto Musashi:

> Sob a espada erguida bem no alto
> Há um inferno que te faz tremer;
> Mas vai em frente,
> E encontrarás a terra da bem-aventurança,
>
> (*Trad.* Suzuki)

Assim como encontramos esses dois elementos distintos nos braços dos mestres zen e dos seus discípulos, constatamos que a civilização do Extremo Oriente foi influenciada pelo Zen em duas direções: na estética e nas artes militares. De um lado, estava o Zen que produziu a poesia e a extraterrena cerimônia do chá (*chano-yu*), a arte da paisagem dos jardins, o trabalho dos pintores Sung, Sumiye e Kano, a poesia de Bashô e a tranquila simplicidade da arquitetura japonesa; enquanto do outro lado estava o Zen que produziu a alarmante técnica do *jiu-jitsu* e *kenjutsu* (esgrima), e os rígidos princípios do *bushido* – o código de cavalheirismo do samurai.[8] Assim, o paradoxo do Zen é que ele podia combinar a paz do Nirvana com a intensa atividade da batalha e as tarefas comuns da vida diária. Citando uma vez mais Takuan:

> O mais importante é adquirir certa atitude mental conhecida como "sabedoria imóvel"... "Imóvel" não quer dizer duro, pesado e sem vida, como uma rocha ou um pedaço de madeira. Significa o mais alto grau de mobilidade ao redor de um centro que permanece imóvel. A mente atinge então o mais alto ponto de alegria e está pronta para dirigir sua atenção para onde for necessário... Há algo imóvel dentro de nós e que, não obstante, se move espontaneamente com as coisas que se apresentam diante dele. O espelho da sabedoria reflete-as instantaneamente uma após outra, ao mesmo tempo em que se mantém intacto e imperturbado.

No reino da estética, os primeiros traços importantes da influência do Zen são encontrados na arte da dinastia T'ang (618-905). Em certo momento, durante a segunda metade desse período, viveu o maior de todos os pintores chineses, Wu Tao-tzu. Infelizmente, todo o seu trabalho foi perdido, com exceção de um soberbo tríptico, apesar de muitas autoridades o considerarem uma cópia. Essa pintura pode ser encontrada em um dos mosteiros zen de Kyoto e mostra Buda com dois grandes Bodhisattvas: Manjusri e Samantabhadra; mas

---

8. Para sentir a influência do Zen na poesia e no drama do Japão, veja a obra de E. V. Gatenby, *Cloud Men of Yamato*. (N.A.)

é a figura central do Buda que atrai o nosso olhar. Os contemporâneos do artista o descrevem como o artista que pinta como se "um turbilhão se tivesse apoderado da sua mão", e sua influência certamente poderá ser vista se olharmos para os detalhes dessa figura central. As linhas que formam as dobras do manto do Buda são cortantes, atrevidas e recortadas, mas a face possui a expressão de uma serenidade tão absoluta que domina todo o quadro, fazendo dele um símbolo do espírito do Zen: uma intensa vivacidade cuja base é um repouso completo. Ou, como diriam os taoístas: "Porque o eixo não se move é que os raios da roda giram" ou "É o princípio da não ação que faz com que todas as coisas se movam". As mesmas características são encontradas nas pinturas da escola japonesa Sumiye. Essas pinturas foram executadas num tipo particular de papel áspero e quebradiço com um pincel macio. O meio usado, a tinta preta chinesa; não havia colorido nem elaboração, e o efeito do papel quebradiço era de que, uma vez feito o traço, nunca poderia ser eliminado; para que não houvesse borrões, o traço teria de ser rápido e firme. Com esses materiais era absolutamente necessário que o artista pintasse "como se um turbilhão tivesse se apoderado da sua mão". Não havia possibilidade de "retocar". O menor erro se tornaria óbvio, e, caso o artista parasse para pensar no meio de uma pincelada, o resultado seria um feio borrão. Essa técnica era a que se adequava exatamente ao espírito do Zen, pois significava que o artista tinha de passar sua inspiração para o papel enquanto esta estivesse viva. Não podia fazer um tosco esboço e, a seguir, lentamente, preencher os detalhes, até que a inspiração morresse em meio a uma massa de mudanças e elaborações. Ele tinha de fazer em poucos momentos o quadro completo, pois este era como uma bofetada dada na cara por um mestre zen – súbita, irrevogável, definitiva e viva. Um tapa dado de forma lenta e hesitante não é absolutamente um tapa; não tem vida, não tem espontaneidade. De modo semelhante, um quadro que não capte a inspiração enquanto ela está viva, mas que tenta ressuscitá-la laboriosamente depois de morta, é como um pássaro empalhado numa vitrine. O Sumiye capta o pássaro um segundo antes que ele voe; na verdade, permite que ele escape porque não tem necessidade de matá-lo e de embalsamá-lo para que o artista possa examinar calmamente o seu cadáver. Assim, o artista de Sumiye tem sempre de "ir andando", pois a morte segue a vida a um passo de distância.

Todavia, apesar de toda a imediaticidade e subitaneidade, o Sumiye possui uma calma subjacente que elimina tudo o que não é essencial. Esse princípio é muito anterior ao Sumiye, pois remonta ao próprio começo do Zen e mesmo à filosofia do taoísmo, onde era ensinado como a "economia de força". Diz o *Tao Teh King*:

> Um vento violento não dura toda a manhã; uma chuva tempestuosa não perdura todo o dia. Assim funciona a Natureza. E se a própria Natureza não é capaz de fazer com que seus esforços sejam duradouros, tanto menos o será o homem!

E novamente:

> O viajante hábil não deixa rastros; o orador experiente não diz desatinos.
>
> (*Trad.* Lionel Giles)

O bom caminhante usa apenas a quantidade necessária de energia para se deslocar. Não deixando rastros, seu andar é suave e não levanta poeira. O taoísta diria que, se o caminhante levanta poeira, é sinal de que está usando demasiada energia para a sua finalidade; com isso ele se cansa desnecessariamente, indo para onde não deseja e levantando poeira. Apesar de esta analogia não ser muito própria, o princípio básico é o segredo da concentração e do sucesso em qualquer forma de atividade. Devemos usar a quantidade exata de energia para alcançar um determinado resultado, mas como regra comum o homem torna a própria vida mais difícil do que o necessário, desperdiçando uma enorme quantidade de energia a cada tarefa que executa. Em primeiro lugar, o total da energia despendida é maior do que a necessária para fazer a tarefa; em segundo lugar, somente uma pequena porção dela é absorvida na execução da tarefa, pois está esparramada por todos os lados em vez de ser dirigida para um ponto. Daí o mestre Pai-chang dizer que o Zen significa "comer quando temos fome, dormir quando estamos cansados... A maioria das pessoas não come, mas pensa numa variedade de coisas, deixando-se perturbar por elas; essas pessoas não dormem, mas sonham com mil e uma coisas." A mente descontrolada usa sua energia em inumeráveis aborrecimentos, distorções e ideias vagas, em vez de se aplicar a uma coisa de cada vez e, por esse motivo, nunca alcança completamente o que se propõe fazer. No momento em que começa uma coisa, corre para outras, exaurindo-se nessa tremenda quantidade de atividade desperdiçada. Em comparação com isso, a atividade do taoísmo e do Zen pode parecer insignificante, mas isso se deve ao fato de guardar energia em reserva; sua calma é o resultado de uma atitude mental dirigida para um único ponto; tomam cada coisa como vem, terminam com ela e passam para a próxima, evitando dessa forma todas as voltas para trás e para frente, todas as preocupações com o passado e com o futuro, pelas quais a atividade simplesmente se anula.

Assim, a "economia de força" é o princípio zen de "ir direto para a frente", e na vida, como na arte, o Zen jamais desperdiça energia parando para explicar; ele somente indica. Assim como, na filosofia, ele aponta "o cipreste no pátio" ou o "bosque de bambu ao pé da colina", sem nenhum comentário adicional, sem qualquer análise metafísica, da mesma forma na arte ele indica as coisas essenciais, sem nenhum tipo de elaboração. Segundo o Zen, temos de ver a vida por nós mesmos, e, se o filósofo e o artista descrevem tudo o que há ali para ser visto, suas descrições transformam-se facilmente num substituto para a experiência de primeira mão. Portanto, a finalidade da filosofia e da arte não é prover uma reprodução da vida em palavras ou pintura, pois a coisa real é melhor do que qualquer reprodução. Sua finalidade é dar uma sugestão para que cada um veja por si mesmo. Daí o fato de os artistas chineses terem compreendido melhor do que quaisquer outros o valor dos espaços vazios, e, em certo sentido, o que eles deixaram de lado é mais importante do que o que mostraram; trata-se de uma fabulosa reticência, um vazio que gera curiosidade. Eles levantam apenas uma ponta do véu para estimularem as pessoas a encontrarem por si mesmas o que está além. Esse era o princípio taoísta do *wu-wei*, de chegar à ação através da não ação. Com umas poucas pinceladas, o artista Sung conseguiu mais do que outros depois de longas semanas de trabalho árduo, pois a sua resistência baseava-se na sua "economia de força".

Kuo-Hsi, Mi-Fei, Ma-Yuan e Mu-Ch'i foram os grandes pintores zen da dinastia Sung (960-1279); dentre eles, Ma-Yuan foi especialmente famoso por pintar somente "um canto". Um belo exemplo do seu trabalho é o quadro do *Pescador de caniço solitário*, onde no meio de uma imprecisa névoa um pequeno e frágil bote é visto flutuando na água, somente sugerido por umas poucas e suaves curvas, enquanto o pescador está sentado numa de suas extremidades, jogando a sua linha para trás. Uma das obras-primas de Mu-Ch'i, chamada *Sob o sol da manhã*, não mostra absolutamente qualquer sinal de sol – mas apenas uma figura tenuemente delineada de um pequeno monge zen calvo, absorto na tarefa de trançar uma corda de junco com uma das suas extremidades presas ao dedão do pé. A única parte sólida do quadro é formada por algumas touceiras de capim e arbustos em volta da rocha sobre a qual ele está sentado, contra um fundo nevoento que sugere a névoa matinal. No fim da dinastia Sung, o Zen começou a morrer na China, e a arte do período Ming inclinava-se mais para a superelaboração e o requinte. A verdadeira tradição do Sung passou para o Japão, onde foi adotada pelas escolas Sumiye e Kano, estendendo-se da pintura para a arquitetura, a jardinagem e, especialmente, para a estética da cerimônia do chá e para tudo o que se relacionava com ela.

O ato de beber chá sempre havia sido associado ao Zen, e, desde os tempos mais remotos, os monges costumavam ficar despertos graças a ele, durante os longos períodos de meditação. Há uma horrível lenda a respeito da origem do chá. Segundo ela, Bodhidharma certa vez adormeceu durante suas meditações e ficou tão furioso que cortou as pálpebras, as quais, ao caírem no chão, se transformaram nas primeiras plantas do chá. Desde então, a bebida feita com suas folhas espanta o sono e purifica a alma. Os elementos da cerimônia do chá foram levados da China para o Japão, onde os monges zen costumavam passar uma vasilha cheia de chá, enquanto estavam sentados no salão de meditação. O poeta T'ang Luwuh, na sua famosa obra *Cha-king* (A escritura do chá), lançou as bases do ritual e da filosofia do chá. Okakura Kakuso escreve que "ele nasceu numa época em que o budismo, o taoísmo e o confucionismo estavam buscando uma síntese mútua. O simbolismo panteísta da época pressionava as pessoas a espelhar o universal no particular. Luwuh viu no serviço do chá a mesma harmonia e ordem que reinava através de todas as coisas." Outro poeta do mesmo período disse a respeito do chá:

> A primeira taça umedece meus lábios e minha garganta; a segunda, quebra a minha solidão; a terceira taça busca o meu ser mais profundo... A quarta taça provoca uma ligeira transpiração: todos os males da minha vida saem através dos meus poros. Ao chegar à quinta taça, estou purificado; a sexta taça me chama ao reino dos imortais. A sétima taça... Ah! não posso mais ingeri-la! Sinto apenas o sopro do vento fresco que sobe pelas minhas mangas. Onde está o paraíso? Deixe-me cavalgar nesta doce brisa e ser levado por ela.

Esses eram os sentimentos que se associavam ao ato de beber chá. Na época em que chegou ao Japão, o chá não era uma mercadoria comum. Era algo muito mais importante do que uma bebida feita de folhas secas, pois um mestre zen pôde dizer: "Preste atenção, pois o gosto do chá (*cha*) e o gosto do Zen (*Ch'an*) são iguais". Isso não era um mero jogo de palavras. Gradualmente, todos os ideais estéticos do Zen foram se ligando à cerimônia do chá, pois os monges, quando se refrescavam durante as duras lutas com o *Koan*, principiaram a acompanhar esses momentos bebendo chá, identificando essa operação com a quietude e a paz espiritual. Pouco tempo depois, a prática de tomar chá no salão de meditação foi interrompida, e uma casa especial foi criada com essa finalidade. Daí nasceu a Casa de Chá (*chaseki*), a "Morada do Vazio", uma frágil estrutura de papel com um teto simples de palha de arroz, escondida num recanto do jardim. Desse modo, a cerimônia do chá tornou-se reconhecida como a forma mais satisfatória para refrescar o espírito; essencialmente, era uma evasão temporária de todos os cuidados e distrações; um período de repouso e de contemplação, de absorção em tudo o que era belo na natureza e na arte.

À medida que o tempo foi passado, o jardim onde a Casa de Chá era construída tornou-se algo integrante da cerimônia do chá, e o caminho de grandes pedras lisas que cruzavam a paisagem em miniatura e desapareciam entre os arbustos passou a significar a libertação do mundo. Não existia o ajuntamento vulgar de variadas cores brilhantes na paisagem do jardim, pois o gosto do Zen requeria cores suaves e repousantes, e os jardineiros japoneses tornaram-se tão hábeis que podiam criar em alguns metros quadrados a impressão de um tranquilo e solitário vale entre montanhas. Tampouco houve a tentativa de copiar a natureza, pois o efeito mais poderoso era produzido pela simples sugestão de uma atmosfera que Kobori Enshiu descreveu como:

> Um agrupamento de árvores de verão,
> Um vislumbre do mar,
> Uma pálida lua noturna.

À medida que o caminho se aproximava da Casa de Chá, via-se uma grande pedra cujo topo havia sido escavado, formando uma concavidade que recebia a água procedente de uma bica de bambu. Aí as mãos eram lavadas antes de entrar na Casa de Chá, que ficava no fim do caminho, na parte mais solitária do jardim.

> Olho além;
> Não há flores,
> Tampouco folhas coloridas.
> Na beira do mar
> Ergue-se uma cabana solitária
> A luz difusa de um entardecer de outono.

A casa em si possuía a frágil estrutura que, de imediato, sugeria a impermanência e o vazio de todas as coisas. Não havia rigidez nem simetria formal na sua concepção, pois para o Zen a simetria era algo artificial e morto, demasiado perfeito para deixar algum espaço para o crescimento e a mudança; e era fundamental que a Casa de Chá se harmonizasse com o ambiente circundante, sendo tão natural como as árvores e as rochas ásperas. A entrada era tão pequena e baixa que todos os que a atravessavam tinham de se curvar humildemente, enquanto o samurai tinha de deixar do lado de fora sua longa espada. No quarto de chá, prevalecia a mesma atmosfera de calma e solidão; não havia coloridos brilhantes – somente o amarelo pálido das esteiras de palha e o cinza desbotado das paredes, ao passo que na alcova (*tokonoma*) podia ver-se alguma obra-prima de pintura Sumiye ou Kano, ou talvez um raro exemplar de caligrafia em preto e branco. Diante do quadro era colocado um ramo solitário de botões ou de folhas coloridas, arrumadas com infinito cuidado por alguém que possuísse uma mão perita nos arranjos florais. Quando todos os participantes estavam reunidos, o anfitrião entrava no recinto com os utensílios da cerimônia. Alguns eram raros objetos de arte que passavam de mão em mão, para que todos os participantes os admirassem. Enquanto isso, a chaleira era colocada sobre o braseiro de carvão vegetal. Dentro da chaleira, eram introduzidas algumas poucas peças de metal, a fim de produzirem um som musical com a fervura, comparado por Kobori Enshiu com o "sussurro dos pinheiros em alguma colina muito distante ou com o som de uma catarata abafado pelas nuvens". As tigelas nas quais era servido o chá eram confeccionadas com o maior cuidado, muito embora parecessem o produto de um rude artesanato, pois os ideais estéticos do Zen favoreciam uma porcelana crua e grossa, com uma cor que se assemelhava aos tons das folhas de outono, em vez da exótica porcelana "casca de ovo", adornada com pássaros e flores, tão valorizada pelos colecionadores ocidentais. O objetivo da cerimônia do chá era fazer o mais elevado uso dos mais simples materiais; era a reverência do monge zen pelas coisas comuns da vida, levada à sua máxima expressão. Desse modo, esperava-se que os participantes da cerimônia apreciassem não tanto o valor intrínseco dos materiais usados, como o cuidado e a arte com que eram preparados e arrumados. Em razão de a cerimônia estar mais ligada a uma atitude mental do que a seus utensílios, o maior de todos os seus mestres, Sen no Rikyu, disse: "Se nada tivermos além de uma chaleira, podemos celebrar a cerimônia do chá. Todavia, há alguns que insistem no uso dos habituais utensílios, o que é uma tolice".

Na cerimônia do chá, vemos o Zen no seu aspecto mais pacífico, expressado como a mais elevada liberdade e desapego espirituais, como um contentamento absoluto com a eficácia natural das coisas. Era como se fosse uma expressão de pobreza, de separação das coisas terrenas, e seus princípios básicos estavam na insistência da evanescência do mundo objetivo, no profundo amor à natureza, às suas intermináveis mudanças, à sua infinita variedade, ao fato de evitar a repetição e a simetria e, por último, à indefinível qualidade chamada *yugen*, que Waley descreveu como "o sutil em oposição ao óbvio; a insinuação em oposição à afirmação". Assim como o *Koan* era um recurso religioso, o *yugen* era um recurso artístico, o método para demonstrar uma verdade não pela sua descrição, mas apontando para ela a fim de que as pessoas pudessem fazer um contato imediato com a vida, em vez de contentarem-se com a versão dos outros a respeito dela. Desse modo, *yugen* era a "reticência" dos quadros de Sumiye e Sung: uma forma de mostrar que a vida não pode ser amarrada ou completamente revelada pelo pincel do artista, e que há algo incapturável e mesmo ilusório, para o qual o pintor nos atrai a atenção mediante uma indicação apenas perceptível, deixando intacto o resto. Um poeta japonês disse que os meios para penetrar o *yugen*, ou descobrir o que existe por trás da sua superfície, são "observar o sol ocultando-se por trás de uma colina florida; perambular sem rumo dentro de uma selva imponente, sem pensar em voltar; permanecer numa praia e seguir com o olhar um bote que se oculta por trás de ilhas distantes;

meditar sobre a jornada dos gansos selvagens vistos e perdidos entre as nuvens". De alguma forma, essas palavras parecem conter todo o espírito da cerimônia do chá, pois os sentimentos que expressam encontram-se na raiz das estéticas chinesa e japonesa influenciadas pelo Zen. Elas possuem aquela beleza estranha, obsessiva, aquela atmosfera de completa liberdade de cuidados que fizeram o culto do chá reconhecido em todo o Japão como o método supremo de proporcionar tranquilidade e repouso à mente e consolo e introspecção ao espírito.

Entretanto, os ideais artísticos do Zen podem muito facilmente degenerar em sentimentalismo, especialmente quando o aspecto "quietista" é aceito sem o aspecto "dinâmico", que se expressa nas artes militares. O perigo está em considerar o *yugen* como um fim em si mesmo, em vez de um meio para descobrir um segredo mais profundo. A técnica estética do Zen não é a realidade essencial, assim como a técnica religiosa dos *Koans*: bater no nosso rosto e nos ferir com respostas abruptas. Muitos escritores sentimentalizaram a "vida simples" do monge zen e o seu gosto pelas coisas despidas, sugestivas e modestas, mas isso é apenas a vida vista do lado de fora. Nenhuma compreensão do Zen pode ser obtida através da cerimônia do chá se não for acompanhada de um trabalho num mosteiro, pois não havia nada de sentimental nos mestres que golpeavam as orelhas de seus discípulos para trazê-los de volta aos seus sentidos e que experimentavam a vida "junto à natureza" não só quando esta era quente e agradável, mas quando estava congelada, úmida e tempestuosa. O sentimental "amante da natureza" só vê um lado de sua face; quando chove, ele fica dentro de casa ou abre o guarda-chuva e fala do delicioso ruído da chuva nas folhas. Ele não deixa que a chuva escorra pelo seu pescoço.

Se alguém suspeita que o Zen é sentimentalista, sua suspeita se desvanecerá rapidamente ao considerar a vida de um samurai. Em agudo contraste com o quietismo da cerimônia do chá, o Zen torna-se violento e tempestuoso quando se expressa no *jiu-jitsu* e no *kenjutsu*, embora ainda haja uma calma subjacente que, não obstante, reflete mais a solidez de uma rocha imponente do que o desapego poético. *Jiu-jitsu* ou *judo* significa literalmente "a arte cavalheiresca", e enquanto o *jiu-jitsu* é especificamente uma técnica de golpes, estrangulamentos e arremessos, o *judo* é a filosofia sobre a qual se baseia essa técnica; a mesma distinção é feita entre o *kenjutsu* e o *kendo*. O *jiu-jitsu* é um método de autodefesa sem armas, fundado no princípio de derrotar o adversário entregando-se a ele e subjugando-o com a sua própria força. Suas origens podem ser encontradas na filosofia do *wu-wei*, e, de acordo com uma lenda, foi descoberto pela observação da neve caindo nos ramos das árvores. Nos galhos mais fortes e rígidos, a neve se amontoa até que eles se partem com o peso, enquanto os ramos mais fracos e flexíveis simplesmente se curvam ao peso da neve e a jogam no solo sem se quebrarem ou dobrarem. Assim, Lao-Tzu diz:

> O homem no seu nascimento é tenro e fraco; ao morrer, é rígido e forte... Portanto, a rigidez e a força são concomitantes com a morte; a fraqueza e a suavidade são concomitantes com a vida.
>
> (*Trad*. Lionel Giles)

O *jiu-jitsu* se fundamenta nos dois princípios do *wu-wei* e do "ir direto em frente", ou na simultaneidade de ataque e defesa. O *wu-wei* como é aplicado ao *jiu-jitsu* pode ser ilustrado pela analogia da barra de madeira que gira ao redor de seu ponto de equilíbrio. Se alguém der um golpe em qualquer uma das suas extremidades, ela balançará, e a única forma de fazê-la perder o equilíbrio será dando-lhe um golpe bem no seu centro. Imaginemos agora uma barra de madeira que se move à vontade e que, portanto, é capaz de mover o seu centro para fora da linha de uma força opressora. Assim que alguém a golpeia, ela desloca o seu centro para fora da linha direta do golpe e com isso transforma em força a sua debilidade. No caso do corpo humano, o ponto central de equilíbrio se encontra na boca do estômago; qualquer ataque feito acima desse ponto torna-se sem efeito se nos afastamos, enquanto um ataque lateral é evitado afastando-se um pouco do ataque direto e girando o corpo de modo a deixar que ele passe. Mas o corpo humano não é como uma barra de madeira, tem de permanecer com uma de suas extremidades no chão; portanto, um ataque abaixo do ponto de equilíbrio é invariavelmente um sucesso, a não ser que ambos os pés estejam colocados firmemente no chão e a boca do estômago apoiada firmemente acima deles, nem muito para a frente, nem para trás. Nessa posição, as pernas estão ligeiramente dobradas na altura dos joelhos para poderem "ceder" até certo ponto; e qualquer pessoa hábil no *jiu-jitsu* manterá essa posição por tanto tempo quanto possível, movendo-se com os pés sempre na mesma distância entre si (exatamente sob os ombros) e nunca levantando-os mais do que alguns centímetros do solo. O ataque no *jiu-jitsu* é levado a cabo manobrando nosso oponente até que o seu equilíbrio se torne instável, o que pode acontecer de duas formas: ou ele dará um passo em falso, de modo que o seu corpo não seja mais suportado pelos pés de forma igual, e nessa situação ele poderá facilmente ser jogado ao chão com um rápido golpe lateral nos tornozelos; ou ele se desequilibrará ao efetuar um ataque, e, neste caso, o que se defende só terá que tirá-lo do seu ponto de equilíbrio, fazendo com que a força de ataque não encontre resistência. E, então, puxando o membro atacante na direção que ele visava, ou puxando o atacante do lado oposto do seu ponto de equilíbrio até a parte sobre a qual atacava, ele torna esse atacante tão sem força quanto uma árvore que cai.

Portanto, quanto mais força usamos para tentar derrotar um perito no *jiu-jitsu*, mais provável se torna sermos feridos. É o mesmo que nos jogarmos com força de encontro a uma porta de trinco fraco. A porta simplesmente se abre e nos joga no chão. Dessa forma, o praticante de *jiu-jitsu* é como a própria vida; tente segurá-lo ou bater-lhe jogando-o no chão a fim de que ele não tenha mais força de reação, e verá que ele já não está mais no mesmo lugar. Quanto mais lutamos e mais duro golpeamos, mais rapidamente ele escapa, pois é tão equilibrado que a única coisa que se consegue é afastá-lo com força contrária.

Quanto ao segundo princípio – simultaneidade de ataque e defesa – verificamos que não pode haver o menor êxito no *jiu-jitsu* caso exista o menor intervalo possível entre esses dois movimentos. Se pararmos para pensar num contramovimento por uma fração de segundo, o adversário terá tempo de recuperar o seu equilíbrio, pois é precisamente cedendo ao seu ataque, da forma que este vier, que o derrotamos. Se não cedermos imediatamente, ele encontrará bastante resistência para impedir que seu ataque passe ao largo e, no momento em que encontrar algo *contra* o que lutar, já terá uma probabilidade de triunfo. A essência do *jiu-jitsu* é que nunca deve existir algo contra o que se possa lutar. O verdadeiro perito nessa arte deve ser tão evasivo quanto a verdade do Zen; tem de transformar-se num *Koan*: um quebra-cabeça cuja solução nos foge quanto mais tentamos resolvê-lo; tem de ser como a água que escorre através dos dedos quando tentamos segurá-la. A água não hesita antes de correr, pois, no momento em que os dedos começam a se fechar, ela escapa, não pela sua força, mas usando a pressão que lhe é aplicada. Portanto, no *jiu-jitsu* os dois combatentes se movem como uma só pessoa; ataque e defesa são um só movimento, e não há esforço nem resistência, nem hesitação, até que com um súbito baque um dos homens parece ter sido arremessado ao chão com uma força tremenda.

Ele deu um passo em falso, e seu adversário o fez perder o equilíbrio, fazendo com que caísse com toda a força do seu próprio peso, e talvez com um empurrãozinho vindo de trás para aumentar a velocidade da sua derrota.

Princípios semelhantes são aplicados ao *kenjutsu* – a arte de defender-se com um bambu, que substitui a longa e afiada espada do samurai, tão afiada que pode abrir um homem do pescoço ao peito num só golpe. O *wu-wei* não está aqui tão em evidência quanto no *jiu-jitsu*, muito embora a simultaneidade do ataque e da defesa seja novamente um princípio de extrema importância. Como antes, a boca do estômago é considerada o centro da atividade, e os golpes são desferidos não tanto com os braços mas com esse ponto central de equilíbrio, usando os braços como alavancas. Assim, ao dar um golpe no topo da cabeça do adversário, os braços estão tensos e rígidos no momento do impacto, derivando-se a força de um súbito movimento de todo o corpo para a frente. Quando esse movimento é feito, e durante de todo o combate, o lutador tem de se mover como se partisse da boca do estômago, usando o estômago como um firme pivô em torno o qual o resto do corpo possa deslocar-se instantaneamente para a direita ou para a esquerda, como requeira a situação. Aqui temos de novo o princípio de um centro calmo em meio à atividade do relâmpago; durante todo o curso de golpes rápidos e fugas, o ponto de equilíbrio tem de permanecer, tanto quanto possível, imóvel. Não há saltos violentos para o lado nem se corre para trás ou para diante, pois para o *kenjutsu* não deve haver desperdício de energias. A fonte da força e o centro da ação se mantêm parados até que surja o momento de um golpe mortal, e então a lâmina da espada é impulsionada para baixo com força terrível, terminando num rápido e poderoso movimento que parte do centro, acompanhado por um tremendo grito, que é produzido como se a respiração estivesse sendo projetada desde as profundezas do estômago.

A atitude mental do esgrimista tem de ser o que é conhecido como um estado de *Muga*, ou seja, a ausência da ideia de "que eu estou fazendo isto". Essa sensação de que se está fazendo algo é considerada um grande impedimento, como quando ouvimos música com a ideia de que a estamos ouvindo; o conceito de estar executando ou de estar fazendo esgrima desvia a atenção da melodia ou do verdadeiro movimento das espadas. A consciência do "eu" deve estar subordinada à concentração na tarefa que temos em mãos, e a mente deve seguir os movimentos do adversário tão atentamente e responder a eles de forma tão imediata que mais uma vez o dualismo de "ataque e defesa" se torne uma unidade. É essa atitude da mente que está no coração do *bushido* – o "caminho do guerreiro". No Japão feudal, guerras internas entre barões rivais (*daimyo*) eram acontecimentos comuns, e a vida dos guerreiros corria perigo constante. Foi esse "caminhar para a frente" do Zen que preservou sua estabilidade mental, e o samurai fazia visitas frequentes aos mestres zen a fim de reunir forças da religião para "ir direto para a frente sem olhar para trás", o que ensinava que a vida e a morte nada mais eram do que aspectos de uma mesma existência, e que mostrava como o "eu" podia ser esquecido nessa unidade com a vida. O *bushido* exigia uma inquestionável lealdade ao seu senhor e mestre, uma grande coragem física e força interior e, acima de tudo, a atitude de *Muga* que é descrita no que é conhecido como o credo do samurai:

> Não tenho pais; fiz do céu e da terra os meus pais.
> Não tenho poder divino; fiz da honestidade o meu poder.
> Não tenho meios; fiz da submissão os meus meios.
> Não tenho poder mágico; fiz da minha força interior a minha magia.
> Não tenho vida nem morte; fiz do eterno a minha vida e a minha morte.
> Não tenho corpo; fiz da minha força interior o meu corpo.
> Não tenho olhos; fiz do relâmpago os meus olhos.
> Não tenho ouvidos; fiz da sensibilidade os meus ouvidos.
> Não tenho membros; fiz da velocidade os meus membros.

Não tenho desígnios; fiz da oportunidade o meu desígnio.
Não tenho milagres; fiz do *Dharma* o meu milagre.
Não tenho princípios; fiz da adaptabilidade a todas as coisas o meu princípio.
Não tenho amigos; fiz da minha mente o meu amigo.
Não tenho inimigos; fiz da desatenção o meu inimigo.
Não tenho armadura; fiz da boa vontade e da justiça a minha armadura.
Não tenho castelos; fiz da mente inamovível o meu castelo.
Não tenho espada; fiz do "sono da mente" a minha espada.

Conclusão

A história do Zen e da maneira como moldou toda a cultura do Extremo Oriente requereria um volume especial. A finalidade deste livro é simplesmente dar uma pista para o espírito do Zen e fornecer um esboço de algumas das formas com que foi traduzido em pensamento e ação. Ao escrever sobre o Zen, há dois extremos a serem evitados: um é definir e explicar tão pouco que o leitor fique completamente confuso; o outro é explicar tanto que o leitor pense que compreendeu o Zen! Enfatizamos que o Zen é um contato imediato com a vida, uma união do "eu" com a "vida", numa íntima unidade e ritmo tais que a distinção entre os dois é esquecida e o desejo de possuir é abandonado porque não há nada que possamos possuir ou que possa ser possuído. O "eu" isolado não mais deseja agarrar todas as coisas que fluem numa corrente de fatos, pois passa a fluir para a frente com a correnteza e se torna uno com ela, compreendendo que todas as coisas são nada mais do que ondas nessa correnteza e que tentar segurá-las é fazer com que desapareçam. Daí parecer que o Zen pode ser definido como a unidade do homem com o universo, como o ritmo da mente com as formas mutáveis, como um estado de "unidade" onde todas as distinções do "eu" e do "não eu", do conhecedor e do conhecido são colocadas de lado. E o mestre

Tao-wu disse certa vez: "Mesmo a unidade, quando nos aferramos a ela, é alheia ao assunto".

Na verdade, tanto no Zen como na vida não há nada a que possamos nos agarrar e dizer: "É isso. Entendi". Portanto, cada livro a respeito do Zen é como uma história de mistério onde falta o último capítulo. Há sempre algo que escapa à definição, que nunca poderá ser expresso em palavras, e, quanto mais firme tentamos segurar, está sempre um passo à nossa frente. E isso é devido ao fato de a descrição e a definição serem a morte, e a verdade do Zen não pode ser morta, assim como não podemos matar um dragão com múltiplas cabeças, porque no antigo mito uma outra cabeça cresce no momento em que cortamos uma delas. Pois o Zen é a vida. Tentar compreender o Zen é como tentar compreender a nossa própria sombra, e todo o tempo estaremos correndo para longe do sol. Quando por fim compreendemos que nossa sombra nunca poderá ser capturada, há uma súbita reviravolta, um relâmpago de Satori e, na luz do sol, o dualismo do eu e sua sombra desaparecem; então o homem percebe que o que ele estava tentando captar era apenas a imagem irreal do seu verdadeiro eu, ou aquilo que sempre foi, é e será. Por fim, ele alcançou a iluminação.

Apêndice

1. BIBLIOGRAFIA

Trabalhos em inglês:

(a) Tratando inteiramente de Zen.

Do Professor Daisetz Teitaro Suzuki:

Essays in Zen Buddhism. 3 volumes. Kyoto, Luzac & Co., juntamente com The Eastern Buddhist Society, 1934. Ilustrado. (É o trabalho padrão de referência.)

The Traning of the Zen Buddhist Monk. Kyoto, Luzac & Co., juntamente com The Eastern Buddhist Society, 1934. Ilustrado por Zenchu Sato.

An Introduction to Zen Buddhism. Kyoto, Luzac & Co., juntamente com The Eastern Buddhist Society, 1934. (Artigos originalmente escritos no *New East.*)

Manual of Zen Buddhism. Kyoto, The Eastern Buddhist Society, 1935. Ilustrado. (Seleções da literatura zen.)

Sutra Spoken by the Sixth Patriarch Wei Lang (Hui Neng). Traduzido por Wong Mow Lam. Shanghai, Yu Ching Press, 1930.

A Guide to Zen Practice. Uma tradução do *Mu-mon-kan*, por Sohaku Ogata. Kyoto, Bukkasha, 1934.

A Buddhist Bible. As escrituras favoritas da seita zen, compiladas, com uma introdução, por Dwight Goddard.

Publicado pelo compilador, Thetford, Vermont, Estados Unidos, 1932.

ANESAKI, Masaharu. *History of Japanese Religion.* Londres, Kegan Paul, 1930.

BECK, L. Adams. *The Garden of Vision.* Londres, Ernest Benn, 1933. (Novela.)

BECK, L. Adams. *The Story of Oriental Philosophy.* Nova York, Cosmopolitan, 1931.

BINYON, Laurence. *The Flight of the Dragon.* Londres, John Murray, 1922.

Concentration and Meditation. The Buddhist Lodge, Londres, 1935.

GATENBY, E. V. *The Cloud Men of Yamato.* Londres, John Murray, 1929. (Referência especial à influência do Zen na poesia e no teatro japonês.)

GODDARD, Dwight. *The Buddha Golden Path.* Londres, Luzac & Co., 1930.

HARRISON, E. J. *The Fighting Spirit of Japan.* Londres, Fisher Unwin, 1913.

KAKUZO, Okakura. *The Book of Tea.* Foulis, Edinburgh, 1919.

NUKARIYA, Kaiten. *The Religion of the Samurai.* Londres, Luzac & Co., 1913.

(b) Contendo especiais referências sobre o Zen.

SHAKU, Soyen. *The Sermons of a Buddhist Abbot.* Chicago, Open Court Co., 1906.

SUZUKI, Beatrice Lane. *Nogaku, Japanese No Plays.* Londres, John Murray, 1922.

SUZUKI, D. T. *Studies in the Lankavatara Sutra.* Londres, Routledge, 1930.

What is Buddhism? The Buddhist Lodge, Londres, 1928.

Em outras línguas:

(a) OHASAMA, S. e FAUST, A. *Zen, der lebendige Buddhismus in Japan*. Introdução de Rudolf Otto. Gotha, 1925. (Traduções de textos zen originais.)

(b) STEINILBER-OBERLIN, E. e MATSUO, Kuni. *Les Sectes bouddhiques japonaises*. Paris, Éditions G. Crès et Cie, 1930.

GROSSE, Ernst. *Die Ostasiatische Tuschmaterei*. Berlim, Bruno Cassirer Verlag, 1923. (Referência importante da influência do Zen na pintura chinesa e japonesa; 160 ilustrações.)

II. Glossário de certos termos empregados

AVIDYA (sânscrito): Ignorância ou autoilusão. Crença na dualidade do "eu" e no mundo exterior, como distinta da compreensão de que ambos são aspectos da mesma "natureza do Buda", que é o eu verdadeiro.

BODHI (sânscrito): Iluminação, o oposto de *Avidya*.

DHARMA (sânscrito): Esta palavra tem muitas nuances de significado. A equivalência mais próxima em inglês é "lei", e os três mais importantes significados são: a lei fundamental sobre a qual se baseiam todos os processos da vida, o caminho onde o universo trabalha; a lei ou ensinamento do Buda; quando aplicada a cada ser separado, a lei do seu ser, sua função.

KARMA (sânscrito): Seu significado literal é "ação"; daí passou a significar a lei que condiciona a ação. *Karma* não significa "destino", exceto no sentido de que o homem não pode escapar dos efeitos de suas próprias ações, embora ele possa escolhê-las. Um *Karma* pessoal é, assim, o destino que cai sobre nós como resultado de nossas ações. Em outras palavras, as circunstâncias sob as quais vivemos.

NIRVANA (sânscrito): Libertação do *Samsara* (*ver*). A liberdade espiritual alcançada, ao compreendermos nossa identidade com a "natureza búdica", permite que nos libertemos do *Karma*, pois a natureza búdica não pode ser condicionada por qualquer forma de ação. Essa libertação do *Karma* torna possível a entrada num repouso eterno, pois os efeitos das nossas ações não podem mais nos atrair de volta ao mundo (*ver Renascimento*). Se escolhemos não voltar mais ao mundo, o Nirvana é alcançado.

RENASCIMENTO: É o corolário do *Karma*. A doutrina de que o indivíduo renasce como resultado de suas ações; ou a doutrina de que, pela ação nesta vida, ele cria uma nova personalidade para si a fim de que os resultados de suas ações se realizem numa vida futura.

SAMSARA (sânscrito): A alternação de nascimento e morte, algumas vezes chamada de Roda de Nascimento e da Morte. Isso é explicado com referência a outros processos alternativos da vida – o dia e a noite, o despertar e o dormir, as estações etc. A morte é apenas uma pausa para repouso no processo da vida do indivíduo e ocorre porque o corpo físico se desgasta. Mas esse desgaste não significa o fim do processo da vida, e novos corpos são criados a fim de que ele possa continuar o trabalho do seu *Karma*.

SUNYATA (sânscrito): O vazio de todos os seres separados. Na vida, o único princípio permanente é a natureza búdica, que se manifesta em formas separadas. Essas formas não têm permanência ou realidade como formas, somente como "natureza búdica". Por essa razão, a filosofia mahayana declara que elas são vazias.

YOGA (sânscrito): Literalmente, um jugo ou disciplina; a técnica de meditação através da qual o indivíduo entra em união com a última realidade do universo. Existem quatro tipos de Yoga, representando as quatro sendas para essa união: *Gnana*, a senda do conhecimento; *Karma*, a senda da ação; *Bhakti*, a senda do amor; e *Raja*, a senda nobre, a síntese das outras três. O quinto e o menos elevado dos tipos de Yoga é a *Hatha*, que consiste em complicados exercícios físicos e psíquicos – um *cul-de-sac* espiritual que, se não for executado com grande cuidado, leva a resultados perigosos.

Coleção L&PM POCKET (Lançamentos mais recentes)

945. **Bidu: diversão em dobro!** – Mauricio de Sousa
946. **Fogo** – Anaïs Nin
947. **Rum: diário de um jornalista bêbado** – Hunter Thompson
948. **Persuasão** – Jane Austen
949. **Lágrimas na chuva** – Sergio Faraco
950. **Mulheres** – Bukowski
951. **Um pressentimento funesto** – Agatha Christie
952. **Cartas na mesa** – Agatha Christie
954. **O lobo do mar** – Jack London
955. **Os gatos** – Patricia Highsmith
956.(22).**Jesus** – Christiane Rancé
957. **História da medicina** – William Bynum
958. **O Morro dos Ventos Uivantes** – Emily Brontë
959. **A filosofia na era trágica dos gregos** – Nietzsche
960. **Os treze problemas** – Agatha Christie
961. **A massagista japonesa** – Moacyr Scliar
963. **Humor do miserê** – Nani
964. **Todo o mundo tem dúvida, inclusive você** – Édison de Oliveira
965. **A dama do Bar Nevada** – Sergio Faraco
969. **O psicopata americano** – Bret Easton Ellis
970. **Ensaios de amor** – Alain de Botton
971. **O grande Gatsby** – F. Scott Fitzgerald
972. **Por que não sou cristão** – Bertrand Russell
973. **A Casa Torta** – Agatha Christie
974. **Encontro com a morte** – Agatha Christie
975.(23).**Rimbaud** – Jean-Baptiste Baronian
976. **Cartas na rua** – Bukowski
977. **Memória** – Jonathan K. Foster
978. **A abadia de Northanger** – Jane Austen
979. **As pernas de Úrsula** – Claudia Tajes
980. **Retrato inacabado** – Agatha Christie
981. **Solanin (1)** – Inio Asano
982. **Solanin (2)** – Inio Asano
983. **Aventuras de menino** – Mitsuru Adachi
984.(16).**Fatos & mitos sobre sua alimentação** – Dr. Fernando Lucchese
985. **Teoria quântica** – John Polkinghorne
986. **O eterno marido** – Fiódor Dostoiévski
987. **Um safado em Dublin** – J. P. Donleavy
988. **Mirinha** – Dalton Trevisan
989. **Akhenaton e Nefertiti** – Carmen Seganfredo e A. S. Franchini
990. **On the Road – o manuscrito original** – Jack Kerouac
991. **Relatividade** – Russell Stannard
992. **Abaixo de zero** – Bret Easton Ellis
993.(24).**Andy Warhol** – Mériam Korichi
995. **Os últimos casos de Miss Marple** – Agatha Christie
996. **Nico Demo: Aí vem encrenca** – Mauricio de Sousa
998. **Rousseau** – Robert Wokler
999. **Noite sem fim** – Agatha Christie
1000. **Diários de Andy Warhol (1)** – Editado por Pat Hackett
1001. **Diários de Andy Warhol (2)** – Editado por Pat Hackett
1002. **Cartier-Bresson: o olhar do século** – Pierre Assouline
1003. **As melhores histórias da mitologia: vol. 1** – A.S. Franchini e Carmen Seganfredo
1004. **As melhores histórias da mitologia: vol. 2** – A.S. Franchini e Carmen Seganfredo
1005. **Assassinato no beco** – Agatha Christie
1006. **Convite para um homicídio** – Agatha Christie
1008. **História da vida** – Michael J. Benton
1009. **Jung** – Anthony Stevens
1010. **Arsène Lupin, ladrão de casaca** – Maurice Leblanc
1011. **Dublinenses** – James Joyce
1012. **120 tirinhas da Turma da Mônica** – Mauricio de Sousa
1013. **Antologia poética** – Fernando Pessoa
1014. **A aventura de um cliente ilustre** *seguido de* **O último adeus de Sherlock Holmes** – Sir Arthur Conan Doyle
1015. **Cenas de Nova York** – Jack Kerouac
1016. **A corista** – Anton Tchékhov
1017. **O diabo** – Leon Tolstói
1018. **Fábulas chinesas** – Sérgio Capparelli e Márcia Schmaltz
1019. **O gato do Brasil** – Sir Arthur Conan Doyle
1020. **Missa do Galo** – Machado de Assis
1021. **O mistério de Marie Rogêt** – Edgar Allan Poe
1022. **A mulher mais linda da cidade** – Bukowski
1023. **O retrato** – Nicolai Gogol
1024. **O conflito** – Agatha Christie
1025. **Os primeiros casos de Poirot** – Agatha Christie
1027.(25).**Beethoven** – Bernard Fauconnier
1028. **Platão** – Julia Annas
1029. **Cleo e Daniel** – Roberto Freire
1030. **Til** – José de Alencar
1031. **Viagens na minha terra** – Almeida Garrett
1032. **Profissões para mulheres e outros artigos feministas** – Virginia Woolf
1033. **Mrs. Dalloway** – Virginia Woolf
1034. **O cão da morte** – Agatha Christie
1035. **Tragédia em três atos** – Agatha Christie
1037. **O fantasma da Ópera** – Gaston Leroux
1038. **Evolução** – Brian e Deborah Charlesworth
1039. **Medida por medida** – Shakespeare
1040. **Razão e sentimento** – Jane Austen
1041. **A obra-prima ignorada** *seguido de* **Um episódio durante o Terror** – Balzac
1042. **A fugitiva** – Anaïs Nin
1043. **As grandes histórias da mitologia greco-romana** – A. S. Franchini
1044. **O corno de si mesmo & outras historietas** – Marquês de Sade
1045. **Da felicidade** *seguido de* **Da vida retirada** – Sêneca
1046. **O horror em Red Hook e outras histórias** – H. P. Lovecraft
1047. **Noite em claro** – Martha Medeiros
1048. **Poemas clássicos chineses** – Li Bai, Du Fu e Wang Wei
1049. **A terceira moça** – Agatha Christie
1050. **Um destino ignorado** – Agatha Christie

1051(26).**Buda** – Sophie Royer
1052.**Guerra Fria** – Robert J. McMahon
1053.**Simons's Cat: as aventuras de um gato travesso e comilão – vol. 1** – Simon Tofield
1054.**Simons's Cat: as aventuras de um gato travesso e comilão – vol. 2** – Simon Tofield
1055.**Só as mulheres e as baratas sobreviverão** – Claudia Tajes
1057.**Pré-história** – Chris Gosden
1058.**Pintou sujeira!** – Mauricio de Sousa
1059.**Contos de Mamãe Gansa** – Charles Perrault
1060.**A interpretação dos sonhos: vol. 1** – Freud
1061.**A interpretação dos sonhos: vol. 2** – Freud
1062.**Frufru Rataplã Dolores** – Dalton Trevisan
1063.**As melhores histórias da mitologia egípcia** – Carmem Seganfredo e A.S. Franchini
1064.**Infância. Adolescência. Juventude** – Tolstói
1065.**As consolações da filosofia** – Alain de Botton
1066.**Diários de Jack Kerouac – 1947-1954**
1067.**Revolução Francesa – vol. 1** – Max Gallo
1068.**Revolução Francesa – vol. 2** – Max Gallo
1069.**O detetive Parker Pyne** – Agatha Christie
1070.**Memórias do esquecimento** – Flávio Tavares
1071.**Drogas** – Leslie Iversen
1072.**Manual de ecologia (vol.2)** – J. Lutzenberger
1073.**Como andar no labirinto** – Affonso Romano de Sant'Anna
1074.**A orquídea e o serial killer** – Juremir Machado da Silva
1075.**Amor nos tempos de fúria** – Lawrence Ferlinghetti
1076.**A aventura do pudim de Natal** – Agatha Christie
1078.**Amores que matam** – Patricia Faur
1079.**Histórias de pescador** – Mauricio de Sousa
1080.**Pedaços de um caderno manchado de vinho** – Bukowski
1081.**A ferro e fogo: tempo de solidão (vol.1)** – Josué Guimarães
1082.**A ferro e fogo: tempo de guerra (vol.2)** – Josué Guimarães
1084(17).**Desembarcando o Alzheimer** – Dr. Fernando Lucchese e Dra. Ana Hartmann
1085.**A maldição do espelho** – Agatha Christie
1086.**Uma breve história da filosofia** – Nigel Warburton
1088.**Heróis da História** – Will Durant
1089.**Concerto campestre** – L. A. de Assis Brasil
1090.**Morte nas nuvens** – Agatha Christie
1092.**Aventura em Bagdá** – Agatha Christie
1093.**O cavalo amarelo** – Agatha Christie
1094.**O método de interpretação dos sonhos** – Freud
1095.**Sonetos de amor e desamor** – Vários
1096.**120 tirinhas do Dilbert** – Scott Adams
1097.**200 fábulas de Esopo**
1098.**O curioso caso de Benjamin Button** – F. Scott Fitzgerald
1099.**Piadas para sempre: uma antologia para morrer de rir** – Visconde da Casa Verde
1100.**Hamlet (Mangá)** – Shakespeare
1101.**A arte da guerra (Mangá)** – Sun Tzu
1104.**As melhores histórias da Bíblia (vol.1)** – A. S. Franchini e Carmen Seganfredo
1105.**As melhores histórias da Bíblia (vol.2)** – A. S. Franchini e Carmen Seganfredo
1106.**Psicologia das massas e análise do eu** – Freud
1107.**Guerra Civil Espanhola** – Helen Graham
1108.**A autoestrada do sul e outras histórias** – Julio Cortázar
1109.**O mistério dos sete relógios** – Agatha Christie
1110.**Peanuts: Ninguém gosta de mim... (amor)** – Charles Schulz
1111.**Cadê o bolo?** – Mauricio de Sousa
1112.**O filósofo ignorante** – Voltaire
1113.**Totem e tabu** – Freud
1114.**Filosofia pré-socrática** – Catherine Osborne
1115.**Desejo de status** – Alain de Botton
1118.**Passageiro para Frankfurt** – Agatha Christie
1120.**Kill All Enemies** – Melvin Burgess
1121.**A morte da sra. McGinty** – Agatha Christie
1122.**Revolução Russa** – S. A. Smith
1123.**Até você, Capitu?** – Dalton Trevisan
1124.**O grande Gatsby (Mangá)** – F. S. Fitzgerald
1125.**Assim falou Zaratustra (Mangá)** – Nietzsche
1126. **Peanuts: É para isso que servem os amigos (amizade)** – Charles Schulz
1127(27).**Nietzsche** – Dorian Astor
1128.**Bidu: Hora do banho** – Mauricio de Sousa
1129.**O melhor do Macanudo Taurino** – Santiago
1130.**Radicci 30 anos** – Iotti
1131.**Show de sabores** – J.A. Pinheiro Machado
1132.**O prazer das palavras** – vol. 3 – Cláudio Moreno
1133.**Morte na praia** – Agatha Christie
1134.**O fardo** – Agatha Christie
1135.**Manifesto do Partido Comunista (Mangá)** – Marx & Engels
1136.**A metamorfose (Mangá)** – Franz Kafka
1137.**Por que você não se casou... ainda** – Tracy McMillan
1138.**Textos autobiográficos** – Bukowski
1139.**A importância de ser prudente** – Oscar Wilde
1140.**Sobre a vontade na natureza** – Arthur Schopenhauer
1141.**Dilbert (8)** – Scott Adams
1142.**Entre dois amores** – Agatha Christie
1143.**Cipreste triste** – Agatha Christie
1144.**Alguém viu uma assombração?** – Mauricio de Sousa
1145.**Mandela** – Elleke Boehmer
1146.**Retrato do artista quando jovem** – James Joyce
1147.**Zadig ou o destino** – Voltaire
1148.**O contrato social (Mangá)** – J.-J. Rousseau
1149.**Garfield fenomenal** – Jim Davis
1150.**A queda da América** – Allen Ginsberg
1151.**Música na noite & outros ensaios** – Aldous Huxley
1152.**Poesias inéditas & Poemas dramáticos** – Fernando Pessoa
1153.**Peanuts: Felicidade é...** – Charles M. Schulz
1154.**Mate-me por favor** – Legs McNeil e Gillian McCain
1155.**Assassinato no Expresso Oriente** – Agatha Christie
1156.**Um punhado de centeio** – Agatha Christie

1157. **A interpretação dos sonhos (Mangá)** – Freud
1158. **Peanuts: Você não entende o sentido da vida** – Charles M. Schulz
1159. **A dinastia Rothschild** – Herbert R. Lottman
1160. **A Mansão Hollow** – Agatha Christie
1161. **Nas montanhas da loucura** – H.P. Lovecraft
1162.(28).**Napoleão Bonaparte** – Pascale Fautrier
1163. **Um corpo na biblioteca** – Agatha Christie
1164. **Inovação** – Mark Dodgson e David Gann
1165. **O que toda mulher deve saber sobre os homens: a afetividade masculina** – Walter Riso
1166. **O amor está no ar** – Mauricio de Sousa
1167. **Testemunha de acusação & outras histórias** – Agatha Christie
1168. **Etiqueta de bolso** – Celia Ribeiro
1169. **Poesia reunida (volume 3)** – Affonso Romano de Sant'Anna
1170. **Emma** – Jane Austen
1171. **Que seja um segredo** – Ana Miranda
1172. **Garfield sem apetite** – Jim Davis
1173. **Garfield: Foi mal...** – Jim Davis
1174. **Os irmãos Karamázov (Mangá)** – Dostoiévski
1175. **O Pequeno Príncipe** – Antoine de Saint-Exupéry
1176. **Peanuts: Ninguém mais tem o espírito aventureiro** – Charles M. Schulz
1177. **Assim falou Zaratustra** – Nietzsche
1178. **Morte no Nilo** – Agatha Christie
1179. **É, soneca boa** – Mauricio de Sousa
1180. **Garfield a todo o vapor** – Jim Davis
1181. **Em busca do tempo perdido (Mangá)** – Proust
1182. **Cai o pano: o último caso de Poirot** – Agatha Christie
1183. **Livro para colorir e relaxar** – Livro 1
1184. **Para colorir sem parar**
1185. **Os elefantes não esquecem** – Agatha Christie
1186. **Teoria da relatividade** – Albert Einstein
1187. **Compêndio da psicanálise** – Freud
1188. **Visões de Gerard** – Jack Kerouac
1189. **Fim de verão** – Mohiro Kitoh
1190. **Procurando diversão** – Mauricio de Sousa
1191. **E não sobrou nenhum e outras peças** – Agatha Christie
1192. **Ansiedade** – Daniel Freeman & Jason Freeman
1193. **Garfield: pausa para o almoço** – Jim Davis
1194. **Contos do dia e da noite** – Guy de Maupassant
1195. **O melhor de Hagar 7** – Dik Browne
1196.(29).**Lou Andreas-Salomé** – Dorian Astor
1197.(30).**Pasolini** – René de Ceccatty
1198. **O caso do Hotel Bertram** – Agatha Christie
1199. **Crônicas de motel** – Sam Shepard
1200. **Pequena filosofia da paz interior** – Catherine Rambert
1201. **Os sertões** – Euclides da Cunha
1202. **Treze à mesa** – Agatha Christie
1203. **Bíblia** – John Riches
1204. **Anjos** – David Albert Jones
1205. **As tirinhas do Guri de Uruguaiana 1** – Jair Kobe
1206. **Entre aspas (vol.1)** – Fernando Eichenberg

1207. **Escrita** – Andrew Robinson
1208. **O spleen de Paris: pequenos poemas em prosa** – Charles Baudelaire
1209. **Satíricon** – Petrônio
1210. **O avarento** – Molière
1211. **Queimando na água, afogando-se na chama** – Bukowski
1212. **Miscelânea septuagenária: contos e poemas** – Bukowski
1213. **Que filosofar é aprender a morrer e outros ensaios** – Montaigne
1214. **Da amizade e outros ensaios** – Montaigne
1215. **O medo à espreita e outras histórias** – H.P. Lovecraft
1216. **A obra de arte na era de sua reprodutibilidade técnica** – Walter Benjamin
1217. **Sobre a liberdade** – John Stuart Mill
1218. **O segredo de Chimneys** – Agatha Christie
1219. **Morte na rua Hickory** – Agatha Christie
1220. **Ulisses (Mangá)** – James Joyce
1221. **Ateísmo** – Julian Baggini
1222. **Os melhores contos de Katherine Mansfield** – Katherine Mansfied
1223.(31).**Martin Luther King** – Alain Foix
1224. **Millôr Definitivo: uma antologia de *A Bíblia do Caos*** – Millôr Fernandes
1225. **O Clube das Terças-Feiras e outras histórias** – Agatha Christie
1226. **Por que sou tão sábio** – Nietzsche
1227. **Sobre a mentira** – Platão
1228. **Sobre a leitura *seguido do* Depoimento de Céleste Albaret** – Proust
1229. **O homem do terno marrom** – Agatha Christie
1230.(32).**Jimi Hendrix** – Franck Médioni
1231. **Amor e amizade e outras histórias** – Jane Austen
1232. **Lady Susan, Os Watson e Sanditon** – Jane Austen
1233. **Uma breve história da ciência** – William Bynum
1234. **Macunaíma: o herói sem nenhum caráter** – Mário de Andrade
1235. **A máquina do tempo** – H.G. Wells
1236. **O homem invisível** – H.G. Wells
1237. **Os 36 estratagemas: manual secreto da arte da guerra** – Anônimo
1238. **A mina de ouro e outras histórias** – Agatha Christie
1239. **Pic** – Jack Kerouac
1240. **O habitante da escuridão e outros contos** – H.P. Lovecraft
1241. **O chamado de Cthulhu e outros contos** – H.P. Lovecraft
1242. **O melhor de Meu reino por um cavalo!** – Edição de Ivan Pinheiro Machado
1243. **A guerra dos mundos** – H.G. Wells
1244. **O caso da criada perfeita e outras histórias** – Agatha Christie
1245. **Morte por afogamento e outras histórias** – Agatha Christie
1246. **Assassinato no Comitê Central** – Manuel Vázquez Montalbán

1247. **O papai é pop** – Marcos Piangers
1248. **O papai é pop 2** – Marcos Piangers
1249. **A mamãe é rock** – Ana Cardoso
1250. **Paris boêmia** – Dan Franck
1251. **Paris libertária** – Dan Franck
1252. **Paris ocupada** – Dan Franck
1253. **Uma anedota infame** – Dostoiévski
1254. **O último dia de um condenado** – Victor Hugo
1255. **Nem só de caviar vive o homem** – J.M. Simmel
1256. **Amanhã é outro dia** – J.M. Simmel
1257. **Mulherzinhas** – Louisa May Alcott
1258. **Reforma Protestante** – Peter Marshall
1259. **História econômica global** – Robert C. Allen
1260. (33). **Che Guevara** – Alain Foix
1261. **Câncer** – Nicholas James
1262. **Akhenaton** – Agatha Christie
1263. **Aforismos para a sabedoria de vida** – Arthur Schopenhauer
1264. **Uma história do mundo** – David Coimbra
1265. **Ame e não sofra** – Walter Riso
1266. **Desapegue-se!** – Walter Riso
1267. **Os Sousa: Uma família do barulho** – Mauricio de Sousa
1268. **Nico Demo: O rei da travessura** – Mauricio de Sousa
1269. **Testemunha de acusação e outras peças** – Agatha Christie
1270. (34). **Dostoiévski** – Virgil Tanase
1271. **O melhor de Hagar 8** – Dik Browne
1272. **O melhor de Hagar 9** – Dik Browne
1273. **O melhor de Hagar** – Dik e Chris Browne
1274. **Considerações sobre o governo representativo** – John Stuart Mill
1275. **O homem Moisés e a religião monoteísta** – Freud
1276. **Inibição, sintoma e medo** – Freud
1277. **Além do princípio de prazer** – Freud
1278. **O direito de dizer não!** – Walter Riso
1279. **A arte de ser flexível** – Walter Riso
1280. **Casados e descasados** – August Strindberg
1281. **Da Terra à Lua** – Júlio Verne
1282. **Minhas galerias e meus pintores** – Kahnweiler
1283. **A arte do romance** – Virginia Woolf
1284. **Teatro completo v. 1: As aves da noite** seguido de **O visitante** – Hilda Hilst
1285. **Teatro completo v. 2: O verdugo** seguido de **A morte do patriarca** – Hilda Hilst
1286. **Teatro completo v. 3: O rato no muro** seguido de **Auto da barca de Camiri** – Hilda Hilst
1287. **Teatro completo v. 4: A empresa** seguido de **O novo sistema** – Hilda Hilst
1289. **Fora de mim** – Martha Medeiros
1290. **Divã** – Martha Medeiros
1291. **Sobre a genealogia da moral: um escrito polêmico** – Nietzsche
1292. **A consciência de Zeno** – Italo Svevo
1293. **Células-tronco** – Jonathan Slack
1294. **O fim do ciúme e outros contos** – Proust
1295. **A jangada** – Júlio Verne
1296. **A ilha do dr. Moreau** – H.G. Wells
1297. **Ninho de fidalgos** – Ivan Turguêniev
1298. **Jane Eyre** – Charlotte Brontë
1299. **Sobre gatos** – Bukowski
1300. **Sobre o amor** – Bukowski
1301. **Escrever para não enlouquecer** – Bukowski
1302. **222 receitas** – J. A. Pinheiro Machado
1303. **Reinações de Narizinho** – Monteiro Lobato
1304. **O Saci** – Monteiro Lobato
1305. **Memórias da Emília** – Monteiro Lobato
1306. **O Picapau Amarelo** – Monteiro Lobato
1307. **A reforma da Natureza** – Monteiro Lobato
1308. **Fábulas** seguido de **Histórias diversas** – Monteiro Lobato
1309. **Aventuras de Hans Staden** – Monteiro Lobato
1310. **Peter Pan** – Monteiro Lobato
1311. **Dom Quixote das crianças** – Monteiro Lobato
1312. **O Minotauro** – Monteiro Lobato
1313. **Um quarto só seu** – Virginia Woolf
1314. **Sonetos** – Shakespeare
1315. (35). **Thoreau** – Marie Berthoumieu e Laura El Makki
1316. **Teoria da arte** – Cynthia Freeland
1317. **A arte da prudência** – Baltasar Gracián
1318. **O louco** seguido de **Areia e espuma** – Khalil Gibran
1319. **O profeta** seguido de **O jardim do profeta** – Khalil Gibran
1320. **Jesus, o Filho do Homem** – Khalil Gibran
1321. **A luta** – Norman Mailer
1322. **Sobre o sofrimento do mundo e outros ensaios** – Schopenhauer
1323. **Epidemiologia** – Rodolfo Saracci
1324. **Japão moderno** – Christopher Goto-Jones
1325. **A arte da meditação** – Matthieu Ricard
1326. **O adversário secreto** – Agatha Christie
1327. **Pollyanna** – Eleanor H. Porter
1328. **Espelhos** – Eduardo Galeano
1329. **A Vênus das peles** – Sacher-Masoch
1330. **O 18 de brumário de Luís Bonaparte** – Karl Marx
1331. **Um jogo para os vivos** – Patricia Highsmith
1332. **A tristeza pode esperar** – J.J. Camargo
1333. **Vinte poemas de amor e uma canção desesperada** – Pablo Neruda
1334. **Judaísmo** – Norman Solomon
1335. **Esquizofrenia** – Christopher Frith & Eve Johnstone
1336. **Seis personagens em busca de um autor** – Luigi Pirandello
1337. **A Fazenda dos Animais** – George Orwell
1338. **1984** – George Orwell
1339. **Ubu Rei** – Alfred Jarry
1340. **Sobre bêbados e bebidas** – Bukowski
1341. **Tempestade para os vivos e para os mortos** – Bukowski
1342. **Complicado** – Natsume Ono
1343. **Sobre o livre-arbítrio** – Schopenhauer
1344. **Uma breve história da literatura** – John Sutherland
1345. **Você fica tão sozinho às vezes que até faz sentido** – Bukowski

lepmeditores
www.lpm.com.br
o site que conta tudo

IMPRESSÃO:

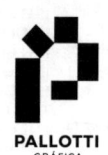

PALLOTTI
GRÁFICA

Santa Maria - RS | Fone: (55) 3220.4500
www.graficapallotti.com.br